普天之下・盡是好書

普天出版家族
Popular Press Family

凌雲 A-Plus Creative Company 文創

Be Human
by Wisdom

Thick Black Theory is a philosophical treatise written by Li Zongwu, a disgruntled politician and scholar born at the end of Qing dynasty. It was published in China in 1911, the year of the Xinhai revolution, when the Qing dynasty was overthrown.

做人靠手腕

摸清對方的心理，做事才會更加順利

做事靠手段

審時度勢篇

莎士比亞曾經寫道：

「想要成功，就必須在對的時機做對的事，就像船要出海的時候，必須趁著漲潮的時候。」

確實如此，活在這個人人都絞盡腦汁想要出人頭地的時代，想讓自己快速獲得成功，做人做事除了要比別人努力之外，更必須及時調整自己的思考模式與行動準則。要讓腦袋適時轉彎，該用手腕的時候就運用手腕，該靠手段的時後就施展手段。

不知道審時度勢，不知道做人做事訣竅的人，永遠不可能是人生戰場的贏家。

Thick Black Theory is a philosophical treatise written by Li Zongwu, a disgruntled politician and scholar born at the end of Qing dynasty. It was published in China in 1911, the year of the Xinhai revolution, when the Qing dynasty was overthrown.

陶然 編

【出版序】

你不能不知道的生存厚黑法則

> 從來沒有一個世紀是愚騃無知之徒的世紀——他們充其量不過是任由豺狼宰割的羔羊；他們想擁抱時代，時代卻無情地吞噬、遺棄、嘲弄他們。

想在競爭激烈的社會存活，你必須學會一些生存智慧；想在社會出人頭地，你更需要一些厚黑心機。

就本質來說，智慧和厚黑的內容是相同的，只不過是同一種應對模式的正反說法，岳飛用的時候，我們稱之爲智慧，秦檜用的時候，我們叫它厚黑。

古往今來的歷史經驗與生活教訓告訴我們：成功的秘訣就是智慧。唯有智慧才能使人脫胎換骨，也唯有智慧才能改變人生！

諸葛孔明向來被視爲智慧的化身，英姿煥發，才智溢於言表，手執羽扇頭戴綸巾，談笑間敵艣灰飛煙滅，何其瀟灑自如！他靠的是什麼？答案是智慧。

《西遊記》中的齊天大聖孫悟空護送唐僧前去西天取經，歷經九九八十一難，上天入地，翻江倒海，橫掃邪魔，滅盡妖孽，何其威風暢快，激動人心！貫穿整部《西遊記》的是什麼？答案還是智慧。

許多世界知名將領身經百戰，洞察敵謀，所向披靡，締造一頁頁傳奇。他們何以能叱吒風雲，在險惡的戰場屢建奇功？靠的還是鬥智不鬥力的智慧。

拿破崙橫掃歐洲大陸，如入無人之境；愛迪生一生發明無人能出其右，廣爲世人稱道，原因都在於他們懂得搭建通向成功的橋樑，擁有打開智慧寶庫的鑰匙。

當你前途茫茫、命運乖舛，輾轉反側卻不得超脫的時候，你需要智慧；當你面臨群丑環伺，想要擺脫小人糾纏之時，你需要智慧。

在你身陷絕境，甚至大禍迫在眉睫之際，想要化險爲夷、反敗爲勝，你需要智慧；在你萬事俱備只欠東風的時候，如何把握稍縱即逝的良機，你需要智慧。

在你身處險境、危機四伏時，想躲避來自四面八方的暗箭，你需要智慧；在你春風得意馬蹄疾揚的時候，如何不致中箭落馬，更需要智慧。

在十倍速變化的新世紀裡，古人所說的「離散圓缺應有時，各領風騷數百年」景況將不復出現，一個人的影響力、穿透力至多只能維持數十年。我們當中，只有極少部分的人能靠著智慧和不斷自我砥礪，而獲得通往成功的通行證，絕大多數的人都將繼續在失敗的泥沼中跋涉，最後慘遭時代吞噬。

更殘酷地說，從來沒有一個世紀是愚騃無知之徒的世紀——他們充其量不過是歷史煙塵中庸碌的過客，或者任由豺狼宰割的羔羊；他們想擁抱時代，時代卻無情地吞噬、遺棄、嘲弄他們。

無疑的，二十一世紀是智者通贏的世紀，我們既面臨空前無情的挑戰，同時也面臨曠世難遇的機遇。

失意、落敗、悲哀無可避免地會降臨在那些愚騃懵懂、懦弱無能的人身上，這些人將成爲時代的棄兒，被遺棄在歷史的垃圾堆。

成功的機遇則會擁抱那些充滿智慧、行事敏捷、勇於進取的人；唯有這些人方能成爲時代的驕子，分享新世紀的光輝和榮耀。

洛克維克曾經寫道：「狼有時候也會保護羊，不過，那只是為了便於自己吃羊。」

在這個誰低下脖子，誰就會被人當馬騎的年代裡，如果想要在競爭中生存下去，就要具備厚黑的智慧，既要通曉人性的各種弱點，又要懂得運用爲人處世的技巧。

本書要教導讀者的，就是在人性叢林中成功致勝的修身大法。

內容包含兩個層面，一是自我素質的快速提昇，透過吸收書中列舉的借鏡與知識，累聚各式各樣必備的智慧，增進自身的涵養；一是徹底摸清人性，修習爲人處世的技巧，運用機智、適當的手腕，適時發揮本身所具備的才能。

這兩者正是獲得成功的最重要因素，也是決定性的因素。

如果你不想淪爲時代的棄兒，如果你不想繼續在失敗的泥沼中寸步難行，那麼，本書無疑將是你不可或缺的人生重要讀本。

01. 略施小計，就能達成目的

在日常交際中，直接向對方索求某些東西，很可能吃閉門羹；但若動一動腦筋，略施小計，既能達到目的，又不會令對方惱怒不已。

02. 保持理智，就不會冒冒失失

不受敵方煽動而在準備不足的狀況下倉皇出擊，也是一種智慧。保持冷靜，判斷出最好的局勢與策略，才能讓事情快速而又正確地完成。

03. 掌握敵人心理，便能借力使力

每一次經歷，都是一種學習，我們可以從別人的成功與失敗之中，去歸納演繹我們腦袋裡的人生藍圖，去規避錯誤，去尋找捷徑。

04. 掌握時機，就能投機

審慎評估投資物的種種要素本質，掩飾改造缺點、突顯強調優點，當市場需求的時機來到，就是獲利的時刻。

05.

讓假動作達成最好的效果

有時候，「假動作」也是一種妙招，只要演技夠好、運用得當，這一招往往能夠成功轉移對手的注意力，爭取得分的機會。

06. 要明察局勢，也要發揮機智

我們一生之中，絕對閃不過所有打擊；當我們不幸被擊中時，哭和吼已經來不及了，還不如伸出手看看能抓住什麼好讓我們免於跌跤。

07.

想要投機，就得隱藏動機

如果，幫助別人的目的就是希望對方能以某種形式來報答，那麼，這只不過是一種交易，既然是交易買賣，就不可能會有恩情存在。

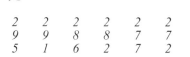

08. 懂得說話，更要懂得聽話

人與人只要有利害衝突存在，就永遠無法平等。有求於人時，你可能會不惜委屈自己；別人有求於你的時候，你也可能會趁機故作姿態。

09. 想抄襲，也要有一點創意

我們都可以把別人當成學習的榜樣，但是至少要有點創意，發揮自己的想像力，去鍛鍊、去塑造屬於我們自己的法則和風格。

01

略施小計，就能達成目的

在日常交際中，直接向對方索求某些東西，很可能吃閉門羹；但若動一動腦筋，略施小計，既能達到目的，又不會令對方惱怒不已。

「反客為主」才能走出低谷

當你想反客為主採用「吃虧牟利」策略時，吃虧應該以吃小虧為宜，即使不能給你帶利益，造成的損失也不大。

《孫子兵法．作戰篇》說：「夫鈍兵挫銳，屈力殫貨，則諸侯乘其弊而起，雖有智者，不能善其後矣！」

我們經常見到商家爲了搶生意而和對手進行削價競爭，甚至進行消耗戰。這種錯誤的手法只會使雙方財力物力枯竭，讓其他競爭者乘虛而入，即使經營者再高明，也無法妥善地處置這種災難性後果。

經營者必須明白，削價只是吸引顧客上門的手段，而不是競爭的目的。

日本有位松本先生，經過商，曾在一家大公司當董事，也從政過，經過激烈的選舉出任神戶市市長；他年輕還創過業，開辦「創意藥局」。

何謂創意？簡單地說就是通過策劃，達到創新效果的行為。商業創意的目的就是如何盈利，否則不如去辦慈善機構。

其實，一開始松本先生並沒有想到具有創意的點子，只是和一般商家一樣，儘量在服務品質上下功夫，但是大家都注重這一點，因此，「創意藥局」雖然服務品質不錯，但是顧客始終寥寥無幾。

後來，松本先生開始在價格上動腦筋。當時，各藥店之間競爭激烈，大都以價廉吸引顧客，因而價格競爭已達到極限，再往下降就會虧本了。

任何商家都不願做虧本的生意，但是，松本先生卻打算大膽地嘗試，因為他明白，商店的所謂「虧本銷售」，實際上還是有利可圖，從來就沒有打出「跳樓價」的商家真的跳樓過，說不定還因為銷售量節節上升，表面上對顧客叫苦連天，背地裡高興得合不攏嘴。

於是，松本先生制定出真正讓人嚇一跳的「跳樓價」，將當時售價兩百日元的膏藥，以八十元賤價賣出，由於八十元的價格實在太便宜了，所以「創意藥局」連日生意興隆、門庭若市。

松本先生不顧血本的銷售方式，雖然使得膏藥的銷售量越來越大，但是單項商品的赤字也越來越高。如果松本只是個膏藥商，真的要虧得跳樓了。然而，讓人意想不到的是，創意藥卻出現了前所未有的盈餘。

這是因為，聞風前來購買膏藥的人，幾乎都會順便買些其他藥品，這些不降價的藥品當然有利可圖。

松本先生靠著其他藥品的盈利，不但彌補了膏藥方面的虧損，同時也使「創意藥局」出現了盈利，並且隨著銷售量的增多，盈利越來越大。

松本的事業之所以能成功，在於他能夠明確地掌握消費者貪小便宜和順便購買的消費習慣。因爲他的膏藥便宜，使人認爲其他東西一定也同樣便宜，所以顧客買了膏藥後，都會順便買一些其他的藥品，這種策略是「犧牲」某部分的利益，從其他方面獲取更多的利益。

松本先生犧牲膏藥的利潤，成功地由被動變主動，將那些先前不願來、不想來、不一定來的顧客都吸引過來，「反客爲主」地賣出許多其他藥品，生意由清淡變興旺，營業額也由少積多，終於走出低谷。

當然，你在使用這個策略的時候，不要忘了它帶有一定程度的風險，因爲可能會有一些精明的人根本不吃你這一套，僅僅是挑便宜物品買，倘使這樣的客人多了，你豈不要吃大虧？

所以，無論是在做生意，還是在日常的交際場合，當你想反客爲主採用「吃虧牟利」的策略之時，必須記住，吃虧應該以吃小虧爲宜，如此一來，即使不能給你帶利益，造成的損失也不大。

「趁火打劫」有什麼不好？

在市場經濟運轉的規律中，「趁火打劫」是司空見慣的事，有時候運用得當，對方根本不會認為你是在趁火打劫，甚至還會感激你。

《孫子兵法．軍形篇》說：「故善戰者立於不敗之地，而不失敵之敗也。是故勝兵先勝，而後求戰；敗兵先戰，而後求勝。」

古代善於行軍作戰的人，總是不會錯過任何打敗敵人的良機，而不會坐待敵人自行潰敗。在日常生活或商業競爭領域也是如此，想要獲得輝煌的勝利，就必須從混亂中看準有利的機會迅速出手，這就是我們常說的「趁火打劫」。

一般人會對「趁火打劫」的行徑感到鄙夷與不屑，認爲這是不道德的行爲，其實，這種觀念未免過於迂腐。

敵我交戰的時候，如果你認爲趁敵人疲憊或內訌時發起攻擊，是不道德的行爲，那麼，等到敵人休養、整頓過後，你可能就會一敗塗地。

任何的謀略都是超越政治界限和道德標準的。因此，趁火打劫的計策，既可以用於政治、軍事，當然也可以用於商業競爭。

在市場經濟運轉的規律中，「趁火打劫」是司空見慣的事，有時候運用得當，對方根本不會認為你是在趁火打劫，甚至還會感激你。

譬如，要兼併一家企業的最好時機，當然是趁這家企業發生財務危機或經營困難的時候，否則不僅要多花很多錢，甚至會吃閉門羹。

因此，聰明的人知道很多商機總是發生在天災人禍時，或者說天災人禍往往是商機滋生的沃土。

二十世紀八〇年代初，可怕的愛滋病開始在美國流行，任何藥物都阻止、醫治不了性接觸後帶來的後果——死神的威脅。

性觀念開放但又怕因此而去見上帝的美國人後來發現，有一種小玩意能夠有效地預防死神的襲擊，那就是保險套。

當時，由於美國生育率偏低，政府並未鼓勵成年人使用保險套，保險套銷路平平，各個廠商的庫存量也極為有限，然而愛滋病使得市場需求量突然暴增，數量有限的保險套一時無法滿足市場需求，導致價格飆漲，供不應求。

這時，有兩位嗅覺特別靈敏的日本商人獲悉美國市場的這個資訊，猶如發現了一座金山，立即在最短時間內開動公司的機器，日夜加班生產成箱的橡膠保險套，然後火速空運到美國。

保險套一時成為商品市場最耀眼的明星，眾多的代銷店門庭若市，兩億多個保險套不久便銷售一空，並且價格是原先的三倍！

愛滋病這把「火」，燒得美國人人心惶惶，紛紛搶購保險套，造成市場需求量突然激增。兩位日本商人則抓住了稍縱即逝的商機「趁火打劫」，狠狠撈了一把。

其實，在這件事情上，「趁火打劫」含有極爲正面的意義。日本商人只是發現商機，「趁」了愛滋病這把「火」，並沒有負面的打劫行爲，相反的，由於他們及時提供了保險套，對於防止愛滋病蔓延，還頗有功勞。

當然，日本商人的主觀願望並非想阻止愛滋病危害美國人民，而是藉此天賜良機掏美國人的荷包——這是生意人的正常心理，原本就無可厚非。倒是這兩個精明日本商人的機敏迅速，値得效法。

「火」並不常有，有些經營者在「火」起之時，常常因爲瞻前顧後、怯於下手而坐失良機，稍一猶豫便無利可劫。

只有目光敏銳、身手快捷的企業家，才能「火」起人不亂，抓住商機迅速出擊，從中獲得最豐碩的利潤。

略施小計，就能達成目的

在日常交際中，直接向對方索求某些東西，很可能吃閉門羹；但若動一動腦筋，略施小計，既能達到目的，又不會令對方惱怒不已。

《孫子兵法．地形篇》說：「故知兵者，動而不迷，舉而不窮。」

眞正善於用兵作戰的將帥，總是保持清醒的頭腦，從不因爲對手的行動而迷惑，相反的，會讓自己的戰術變化無窮，使敵人難以捉摸。如果敵人不知道你的眞正意圖，那麼，只要略施小計，就能達成自己的目的。

明朝嘉靖年間，某一年因為旱災而鬧飢荒。有一天，幽默文人徐文長路過一座涼亭，見到一個商人模樣的胖子坐在裡頭打瞌睡，身邊放著兩包糕點。饑腸轆轆的徐文長便打起糕點的主意，於是走進裡頭挨著商人坐了下來。

豈知，這個胖商人這時機靈地醒了，氣惱地對徐文長抱怨說：「正在做夢，被你吵醒了！真晦氣！」

徐文長便問他：「不知你做的是好夢，還是惡夢？」

胖商人見徐文長一副窮酸模樣，高傲地說道：「我們有錢人從來就只有做好夢，不像那些窮鬼老做惡夢。」

徐文長打蛇隨棍上，順口說道：「這可不見得！不如這樣，我們當場比比看誰做的夢比較好？」

胖商人說道：「好，如果我輸了，這點禮品便送給你；但是，要是你輸了，就得一路給我撐傘打扇。」

徐文長道：「好，打賭就打賭，不過，誰也不可以後悔。不如我們對天發誓，如果反悔，當受懲罰！」

說完，兩個人煞有介事地對天發誓，然後閉眼睡覺。胖子不知是計，仰頭就呼呼睡著。假裝入睡的徐文長，肚子早就唱著空城計，便趁機把那些糕點全吃了。

過了一會兒，胖商人醒來，說道：「剛才我夢見皇帝宴請我，席上四時果品、美味佳餚應有盡有。世間還有比我這個夢更好的嗎？」說完，胖商人便得意洋洋地看著徐文長。

徐文長一邊聽著胖商人述說，一邊打哈欠，好像他的睡夢還沒醒，急得胖子連連催叫：「快說，你做了什麼夢？」

徐文長揉揉眼睛，終於開口說話：「巧得很，剛才我也夢見皇帝宴請我，還看到你也在那裡作客。我對你說：『你如今在皇宮，可別忘了涼亭裡放的糕點。』你說：『皇宮裡的東西好吃得很，那涼亭裡的土產，你就拿去吃了吧。』於是，我就回到涼亭，把糕點全吃了！你一夢醒來，沒有所得反有所失，我夢醒之後，沒有損失卻有所得，你說到底誰的夢好？」

腦筋不太靈光的胖商人聽了啞口無言，只好認輸。就這樣，徐文長巧妙地運用「無中生有」的計謀，贏得了賭局，也填飽了肚子！

「無中生有」可以是負面的「無風起浪」，也可以是正面的、積極的，能夠幫助一個人巧妙地解除困境。

例如，在人們的日常交際中，就不乏這樣的例子，你直接向對方索求某些東西，很可能吃閉門羹；但若動一動腦筋，像徐文長那樣略施小計，既能達到目的，又不會令對方惱怒不已。

把「無中生有」當作交際的重要謀略時，遇事必須多動腦筋。當你遇到「饑腸轆轆」的困境，也不妨試一試「無中生有」謀略，趁機塡飽自己的「肚子」。

在人際交往中，如果正道走不通，不要強行去走，因爲，這樣會使你耗費的精力太大，而收穫可能很小。懂得「投機取巧」，或許能夠很順利地接近你的目標。

想要建立良好的人際關係也可以仿效此法。你若想使自己的朋友多多益善，光是採取結拜兄弟的方式是不夠的，不妨暫時放棄直接交友的方式，在增加自身的魅力上下功夫，如誠懇待人、豐富學識、樂於助人……如此一來，你就會形成一個「磁場」，把朋友吸引到你的身邊。

用「聲東擊西」掩飾自己的目的

不管是在戰場、商場，還是人際關係上，當你處於險惡的環境之中時，不妨使出「聲東擊西」的計策，達到自己預期的目的。

《孫子兵法．九地篇》說：「敵人開闔，必亟入之。先其所愛，微與之期。踐墨隨敵，以決戰事。」

和敵人鬥智鬥力的時候，發現敵人有可乘之隙，必須立即乘虛而入，而不要洩漏本身的意圖和行動，要打破常規，根據敵情決定作戰方案。

在某些特殊情況下，爲了達到某種目的，可以運用「聲東擊西」的方法來進行僞裝，掩蓋自己的眞實意圖，進而瓦解對方的心防。

民國初年，「風流將軍」蔡鍔巧妙逃脫袁世凱的魔掌，組織護國軍討袁，就是利用這種「聲東擊西」的招數。

蔡鍔到底怎麼施展他的聲東擊西計策呢？

當時，袁世凱處心積慮想要復辟稱帝，但是又怕遭到雲南都督蔡鍔等開明派軍人阻撓，於是設計將蔡鍔調到跟前嚴加看管。

在袁世凱面前，蔡鍔知道自己隨時有殺身之禍，只好裝聾賣傻，說話故意語無倫次，一問三不知。

有一天，袁世凱的一個心腹拿出一本贊成帝制的「題名錄」，故意放在蔡鍔面前，試探他對袁世凱恢復帝制的態度。

蔡鍔對恢復帝制深惡痛絕，但是身陷險境，不能表露出一絲真實的心意，便裝成非常高興的樣子，揮筆大書「贊成」二字，把自己偽裝成帝制的擁護者，還經常與一班擁護帝制派人物廝混，打得火熱。

然而，袁世凱仍對蔡鍔存有疑慮，派心腹暗中監視他。

蔡鍔受到袁世凱監視期間，為了早日逃脫袁世凱所設置的樊籠，想出了最絕的

「明修棧道，暗渡陳倉」之計。他裝出一副樂不思蜀的模樣，成天涉足青樓柳巷，結識了當時的京城名妓小鳳仙。

小鳳仙原是清朝某旗人武官的女兒，父親死後無依無靠，不得不淪落風塵。她粗通文墨，喜吟歌詞，更兼有一副俠義心腸。

小鳳仙慧眼識英雄，對蔡鍔另眼相待，交往久了，兩人遂結為知己。

從此以後，蔡鍔天天沉浸在溫柔鄉，與小鳳仙打情罵俏。一個郎才，一個女貌，一時成為北京街談巷議的話題。大家都說英雄果真難過美人關，連蔡鍔這樣的堂堂大將軍，也不免貪戀美色，整日沉溺在脂粉堆裡，無法自拔。

當「風流將軍蔡鍔」的風流韻事傳到袁世凱耳裡，袁世凱異常地高興，暗自冷笑著想道：「這就好了，終於又少了一個敵手，看來真是英雄難過美人關啊。」高興之餘，還送給蔡鍔一些金銀細軟，以供他到青樓柳巷揮霍。

其實，袁世凱中了蔡鍔「聲東擊西」的計策。蔡鍔利用小鳳仙作爲掩護，瓦解袁世凱的心防，使他鬆懈監視。

誠如我們所知，小鳳仙不愧爲巾幗英雄，她積極爲蔡鍔逃離虎口而四處奔走聯絡。最後，蔡鍔在小鳳仙的幫助下終於脫逃成功，離開北京回到雲南，組織討袁護國軍，打響了向袁世凱政府進攻的第一槍。

不管是在戰場、商場，還是人際關係上，當你處於像蔡鍔將軍那樣的險惡環境之中時，不妨使出「聲東擊西」的計策。

當然，在進行這種計謀時，還得看你如何隨時應變，運用得恰到好處，自然可以達到自己預期的目的；萬一弄巧成拙，就變成了掩耳盜鈴。

培養「順手牽羊」的能力

人生處處是驚奇，平時就要培養見微知著的洞察力和「順手牽羊」的應變能力，一旦「羊」出現的時候，就能將它牢牢抓住。

《孫子兵法．九地篇》說：「帥與之深入諸侯之地，而發其機，焚舟破釜，若驅群羊，驅而往，驅而來，莫知所之。」

意思是說，將帥一旦掌握了絕佳機會，率領軍隊深入敵人的土地，要使軍隊像射出的箭一樣迅猛異常、飛快行進。而且要向像驅趕羊群那樣，趕過去、趕過來，如此才能激發他們的戰鬥力。

這番話運用在掌握機會發財致富，也是相同的道理。

如果機會是羊的話，平常就要尋找「順手牽羊」的契機；一旦掌握了絕佳機會，就要不斷驅趕羊群，讓它們爲自己創造出更多利益。

古人說：「聚沙成塔，積腋成裘」、「小富在勤，大富在天」，強調要想致富成事，必須從小處著手，積少成多，才能夠爲自己開創大業積累本錢。

爲什麼大富要依賴「天」呢？古人所謂的「天」，還包含著機會的意思，也就是說，要善於把握住致富的機會。

當今社會，競爭越來越激烈，不管從事什麼行業，光靠勤勞是不夠的，光靠財力也維持不了太長。事業成功所需的因素相當多，機會就是其中一項重要的因素。

機會有一個最大的特徵——它是變動不羈的，而非固定不動的。所謂「機不可失，時不再來」，想要在激烈的社會競爭中獲得勝利，必須牢牢掌握住從身邊掠過的任何一個機會。

今天我們常吃的速食麵，就是台灣出生的安藤百福，從尋常的生活現象中得到靈感，抓住生財機遇開發出來的。

大約五十年前，安藤百福在大阪市開設了一家以加工食品為主的「日清公司」。

安藤百福每天下班後，都要乘坐電車回到他居住的池田市。在車站附近，他常見到許多人擠在飯館和麵攤前，等著吃熱麵條。

剛開始，他對這種很普通的畫面並沒有任何感觸，但是，有一天他猛然從中悟出一個道理：「既然麵條這麼受歡迎，肯定就有潛在的商機，那麼，從事麵條生意不是很好嗎？」

經過仔細評估，安藤百福發現，吃熱麵條需在餐館或麵攤前排隊等待，對客人而言既費時又費事，不太理想。那麼，能不能製造出一種既省時方便，又熱乎乎的麵條來？他又進一步琢磨：「假如能生產出一種用熱開水沖泡就馬上能吃的麵條，肯定會大受歡迎。」

於是，他開始試製設想中的新型食品，在試驗中不斷失敗，不斷改進，他都沒有氣餒。他一直鼓勵自己：有志者事竟成，只要努力，天下沒有辦不成的事。

安藤百福記不清自己究竟經歷了多少次試驗，但是到了一九五八年，他的試驗終於獲得成功。他研發的「雞肉速食麵」推出之後，成為食品市場最暢銷的產品，僅僅八個月，便銷售了一百三十萬包。

「雞肉速食麵」瘋狂熱賣，當一包包「雞肉速食麵」被顧客從貨架上取下來，又冒著香噴噴的熱氣出現在廣大用戶的餐桌上，安藤百福激動得流下了眼淚。

為了打開速食麵的海外市場，安藤專程去了英、美、法等國考察。

他發現速食麵的袋裝、質量、調味都很好，可就是在吃法上有障礙，主要問題在於容器。於是，他與美國達特公司合作，成立了日清達特公司，研製適應美國人用叉子吃麵條的容器。

五年後，日清公司又推出杯裝麵條，杯裝速食麵又很快再一次風靡市場，安藤百福成為了世界知名的「速食麵之王」。

「速食麵」是安藤百福出入車站時，順手「牽」出的念頭，也許其他人也有過這種念頭，但安藤百福與別人不同，他牢牢抓住這個念頭，牢牢牽住這隻「羊」，不讓它跑掉，因而發了大財。

安藤百福的例子提醒我們，人生處處是驚奇，平時就要培養見微知著的洞察力和「順手牽羊」的應變能力，如此一來，一旦「羊」出現的時候，就能將它辨認出來，隨即牢牢抓住。

這個謀略，對我們爲人處世也大有裨益。譬如，如果你常常感歎自己缺少知心的朋友。那麼，你不妨問問自己：我平時是否有交朋結友的迫切願望？我是否把握住了交友的機遇？

想要結交知心的朋友，就要先讓別人留下好感，在交談中一旦發現潛在的好朋友，就牢牢抓住不放。

只有自己先擁有「順手牽羊」的本事，「羊」才可能被你牽著手。

對付敵人要「欲擒故縱」

害群之馬危及你的生存安全，你不妨採取「欲擒故縱」術，先假裝不知，甚至大加讚許，待時機一到，再徹底揭穿他、打擊他。

《孫子兵法．地形篇》說：「料敵制勝，計險阨遠近，上將之道也。知此而用戰者，必勝；不知此而用戰者，必敗。」

能判明敵軍的虛實和作戰意圖，研究地形的險易，計算路途的遠近，以奪取勝利，這都是主將應懂得的道理。運用這些道理作戰，必然會取得勝利。相反的，不懂得這些道理，那就必敗無疑了。

中日戰爭爆發後，日軍在喜峰口吃過宋哲元大刀隊的虧後，便調集大軍四萬向長城一帶展開扇形進攻。雖然中國最高當局增派精銳部隊北上馳援，但由於裝備遠不如日軍，在敵人的強大炮火和空軍地毯式轟炸下，傷亡慘重。

廿九軍的宋哲元、張自忠等將領，見形勢過於危急，實在無法與敵人作正面陣地戰，遂另出奇謀以遏阻敵鋒。

有一次，日軍向長城古北口方向進攻，此地盡是山陵，形勢險要，路徑崎嶇，於是日軍抓到了六名當地人當嚮導，卻渾然不知軍隊在這六名嚮導帶領下，正朝廿九路軍佈下的地雷陣走去。

原來，宋哲元接受部屬的建議，使出「欲擒故縱」的計謀，派出六名特工裝扮成當地農民，故意被日軍抓去當嚮導，目的是引日軍進入佈雷戰，好一舉殲滅敵人。

這些「農民」把日軍一個前鋒聯隊領入一處狹窄的山區盆地中。這個聯隊一進入盆地，發覺事有蹊蹺，指揮官粟屋大佐立即叫副官找那六名嚮導前來詢問，豈知他們老早就已逃得無影無蹤了，粟屋大佐這才發覺自己上當了，急令退軍。

說時遲那時快，四周的地雷響了，山崩地裂、沙石散飛、黑氣沖天，炸得敵人屍骸遍地，斷腿殘腳亂飛。原來，那六名嚮導躲在山洞裡點燃火線引爆，日軍一千多名官兵，最後只剩下十四名奄奄一息的重傷者。

常言道：「人生如戰場」。這句話的意思，一是指人與人之間充滿競爭，二是指人際關係有時會陷入險惡的境地，像戰場那樣你死我活。

如果你的活動範圍裡有一個害群之馬，危及你的生存安全，你不妨採取「欲擒故縱」術，對他的壞先假裝不知，甚至大加讚許，待時機一到，再徹底揭穿他、打擊他。不過，若要使用此法，要注意兩點：第一，「縱」是手段，「擒」才是目的，千萬別混淆了，落得「偷雞不成蝕把米」的下場。

第二，千萬別把有缺點或與你有「過節」的人隨便當成壞人，相反的，要是他們行事光明磊落，你應該眞誠地幫助他們才對，否則，你的人際關係好不到哪裡去，衆人都會疏遠你。

不拘小節，人才才會鞠躬盡瘁

一個成功者的事業版圖，往往是用無數人才的血汗繪製而成。相同的，他們邁向成功的階梯，也經常是用人才鞠躬盡瘁的屍骨堆疊而成。

身爲一個想要有所作爲的領導者，最應該擔憂的是手下無可用之人，盡是一些成事不足、敗事有餘的蠢才。

因此，在舉用人才之際，一定要不拘小節，因爲，領導者除了要積極經營自己的版圖之外，更需要人才的輔佐，群眾的擁護，才能長治久安。

戰國初期的名將吳起為了入仕，便拜孔子的學生曾參為師，學習儒家義理，由於吳起勤奮向學，深得曾參的喜愛。

然而，當吳起的母親去世時，他卻不願意按照當時的習俗回家守孝三年，認為那樣只會白白浪費時光。

這件事讓曾參非常生氣，一氣之下將他趕出師門，從此，吳起便放棄了儒學，轉而學習兵法。

當齊魯之戰爆發，魯國國君雖然想任用吳起，卻因為他的妻子是齊國人，而有所猶豫，後來吳起的妻子恰巧死了，魯君這才放心派他率軍出征。

這一戰，吳起率領了兵少將弱的魯國軍隊，居然打敗強盛浩大的齊軍，展現了自己卓越的軍事才能。

雖然他大勝而回，這時卻傳出了一個相當歹毒的謠言，指出吳起為了當上將軍，竟然不惜殺害妻子。

魯王聽聞傳言之後，並沒有詳加查察，便聽信左右讒言，從此疏遠吳起，而被謠言中傷的吳起深深受挫，也離開了魯國。

不久，他得知魏文侯正在廣募賢才，便立即轉道來到魏國，後來幸運地獲得魏國將領翟璜賞識，隨即推薦給魏文侯。

然而，魏文侯也擔心吳起徒有才能，卻品德不佳，因為他也聽說，吳起不願為母親守喪之事，以及為了當上將軍，不惜將自己的妻子殺害的傳言。

不過，瞿璜卻力勸魏文侯：「想要成就大業，就應當不拘小節，吳起沒有守孝三年，我國也沒有一定要遵守儒家禮教的規定，再者，就算吳起急於建功立業而殺妻，不也正好符合國家的需要？」

後來，魏文侯聽了吳起的軍事見解，馬上驚為天人，徹底心服口服，任命他為大將軍，派他出任西河守。

吳起到西河後訓練軍隊，帶領百姓耕種梯田，因為頗能體恤民情，深得百姓愛戴，沒有幾年工夫，便把西河治理成進可攻、退可守的重要據點。

西元前四〇九年，吳起帶領軍隊渡過黃河，攻克了秦國的臨晉、洛陽、合陽等重要城鎮，更讓企圖大舉入侵中原的秦軍大敗而逃。

一個成功者的事業版圖，往往是用無數人才的血汗繪製而成，相同的，他們邁向成功的階梯，也經常是用人才鞠躬盡瘁的屍骨堆疊而成。這麼說雖然充滿權謀，卻是不爭的事實。

如果，當時魏文侯只注意那些對吳起不利的傳言與缺點，而忽視了他的軍事才能，那麼他的損失恐怕不小吧！

從魏文侯重用吳起這個故事中，我們可以得知，身爲一個優秀的領導人，在選用人才和班底之際，一定要用人唯才，不拘泥世俗的小節，能夠如此，便能爲自己創造成功的高峰。

你在意的是人才，還是雞蛋？

許多人常常幹出拘泥於「兩個雞蛋」而放棄人才的蠢事，在處理日常工作和人際關係的時候，不妨寬容一些，大度一些。

《孫子兵法．火攻篇》說：「合於利而動，不合於利而止。怒可以復喜，慍可以復悅，亡國不可以復存，死者不可以復生。」

這段話強調，身爲領導者不能感情用事，用人之時也不能讓本身的好惡左右，一切以符合團體利益爲準則。因爲，惱怒之後可以轉怒爲喜，怨恨之後也可以轉恨爲悅，但團體滅亡了就沒有東山再起的可能了。

相傳子思住在衛國任職的時候，曾經向衛王推薦苟變。他對衛王說：「苟變的才能足以率領五百輛戰車，大王不妨任命他為軍隊的統帥。如果您能得到這個人襄助，就可以天下無敵。」

衛王猶豫了一下，說道：「我知道苟變的才能足以成為統帥，但是，他以前當過地方小吏，去老百姓家收賦稅時，吃過人家兩個雞蛋，所以這個人操守有瑕疵，我認為實在不宜重用。」

子思聽了又好氣又好笑，分析利弊得失說：「聖明的國君在選擇人才時，就像木工挑選材料一樣，重點是用它可以用的部分，捨棄不可用的部分，所以像杞樹、梓樹之類的材質，有的縱使已經腐爛了，高明的木匠並不會因此而扔掉它，因為它有用的部分最後還可以做成精美的器具。如果只因為執著兩個雞蛋就捨棄可以為衛國所用的將才，這種蠢事絕對不可讓鄰國知道，否則一定淪為笑柄！」

衛王聽了之後，覺得頗有道理，於是便聽從子思的薦舉，重用苟變為大將軍。

要不是衛王還有一點智慧和肚量，能夠虛心納諫，就可能會因爲兩個雞蛋而喪失一個不可多得的軍事統帥，而衛國的命運就將以另外一種更加不堪的面貌，出現在春秋時期的歷史上。

事實上，許多人在用人的時候，常常幹出拘泥於「兩個雞蛋」而放棄人才的蠢事，只是程度略有不同罷了。作爲領導者，尤其是掌握大權的領導者，在處理日常工作和人際關係的時候，不妨寬容一些，大度一些，「糊塗」一些。

有容人的肚量，才會理解一個人的優缺點；理解如何善用他的優點之後，彼此才能進行有效的溝通，填平橫阻在眼前的各種鴻溝，拉近彼此之間的距離。

如此一來，領導者在衆人心中的威望，自然而然就會提高許多，威信自然就建立了，而且對於部屬來說，也會由於獲得任用而心生感激，把你交付的任務當成自己應該肩負的使命來做。一旦自己的工作做得不好，就會於心有愧，更加認眞努力研究如何將工作做到盡善盡美。

隨時捉住市場的需求

平時多用心設想各種可能發生的狀況，當變故發生之時才不會手忙腳亂，犯下致命的錯誤而付出慘痛的代價。

很多人習慣把聰明和變通掛在嘴上，但是絲毫不知所謂的聰明，不是智力測驗所得到的成績，而是對事物的感受能力和理解能力；所謂的變通也不是毫無遠見的求新求變，而是看清事物本質所做的各種努力。

在現實社會中，唯有隨時捉緊社會需求，隨時扣緊生活脈動，才能不擔心跌倒，更能在跌倒前緊捉生命的新契機，看見生命更精采的一面。

日本阿托搬家公司的創始人寺田千代的丈夫原來是駕駛卡車的司機，然而中東戰火導致石油危機發生之後，運輸行業開始衰落，他也面臨了失業的命運。

有一天，寺田千代偶然在報紙上看到，有些家庭每年都要為搬家而支出大筆費用，這則消息給了她全新的靈感，鼓勵丈夫自行創業。

寺田千代和丈夫計劃成立了搬家公司之後，為了讓業務增加，首先想到了如何運用電話簿的功用。

因為，一般人想要尋找搬家，都會從電話號碼簿上查找搬家公司的電話號碼，而她也發現，日本的電話簿是按行業分類，同一行業再按日語字母排序。

因此，寺田千代巧妙地把自己的新公司命名為「阿托搬家中心」，這使得它在同行業的電話簿排列中排行首位，在顧客選擇搬家公司時佔有更高機率，接著她又選了一個既醒目又好記的電話號碼。

公司正式開張後，她開始為搬家技術進行了一系列的革新。

在大多是高樓公寓的日本，她設計了搬家專用的箱子和吊車，同時向顧客提供與搬家有關的服務配套，包括代辦清掃消毒、申請換裝電話、子女轉學及解決廢棄物等三百多項瑣碎事務。

此外，寺田千代還打破了「行李未到，家人先到」的搬家常規，將既無奈和煩人的搬家，變成了終生難忘的旅行。

她向歐洲最大的車廠巴爾國際公司，訂做了一台命名為「廿一世紀之夢」的搬家專用車。這種車前半部分成上下兩層，下層是駕駛室和置物空間，上層是可以容納六個人的豪華客廳，裡面有舒適的沙發，嬰兒專用的搖籃，還裝有電視機、組合音響、電冰箱、電視遊戲器……等設施。

當這個新型搬家車在電視廣告中一曝光後，預約搬家的客戶立刻蜂擁而至，使得客源方面無後顧之憂。

阿托搬家公司自創辦以來，營業額年年增長，現在年營業額已達上百億日元，發展至今，分公司已遍及日本近四十個城市，甚至有美國和東南亞地區的企業前來購買它的搬家技術專利。

寺田千代後來也被評為全日本最活躍的女企業家之一。

這個例子說明了，不管從事什麼行業，都難免面臨景氣的榮枯循環，在景氣好的時候要設法力爭上游、精益求精，在景氣陷入低迷的時候則必須懂得變通，才會遇上峰迴路轉的契機。

所以，經營者應該不斷就市場需求和消費習慣的變化，調整產品結構和經營戰略，並不斷地適應市場需要，才能使自己立於不敗之地。

走在人生的旅途上，應對進退的道理也是相同的，平時就必須多用心設想各種可能發生的狀況，如此一來，當變故發生之時才不會手忙腳亂，犯下致命的錯誤而付出慘痛的代價。

02

保持理智，就不會冒冒失失

不受敵方煽動而在準備不足的狀況下倉皇出擊，也是一種智慧。保持冷靜，判斷出最好的局勢與策略，才能讓事情快速而又正確地完成。

想投資人才，先把目標說出來

當你立定了明確的志向，同時不斷地朝著方向前進，有志一同的人，便會與你併肩同行，通往成功的路途就近了許多。

沒有人能夠孤獨地活著，人與人之間，始終存在互助的關係，我們必須互相幫助、互補有無，有時候我幫你，有時候你幫我，關係才能長久和諧地延續下去。

美國歷史上最負盛名也最成功的鋼鐵大王卡內基成功的秘訣就在於，他不只懂得經營事，更懂得經營人。

他曾說過：「要首先引起別人的渴望。凡是能這麼做的人，世人必與他在一起，這種人永不寂寞。」又說：「天底下只有一個方法能影響人，就是提到他們的需要，並且讓他們知道怎麼去獲得。」

想要從別人身上得到些什麼，一味的強求逼迫，其實是沒用的，俗話不是說：「強摘的瓜不甜」？如果能夠換個方式用心灌溉施肥，等候時機到了，自然瓜熟蒂落，坐享甘甜美味。

這灌溉施肥的方法千百種，好比賢明的君主想要得到良相輔佐，就得懂得運用方法。方法用得好，人才自然來歸。

關於這一點，中國古代有個「千金買骨」的故事，是頗為有效的方法。

從前，有個嗜好賞馬的國君，想用千兩黃金重價徵求千里馬，誰知道，經過了三年，仍無一點收穫。

這時，宮裡一個職位低下的小侍臣，自告奮勇地站出來，對國君說：「請您把這個差事交給我吧！」

國君點頭同意。不到三個月，這個小侍臣果然找到了一匹日行千里的良馬，可是當他要買馬時，這匹千里馬卻死了。

他思慮了一會兒，仍然花費五百兩黃金，將死馬的屍骨買了回來。

他帶著千里馬的屍骨回宮向國君覆命時，國君見是馬的屍骨，非常生氣，怒斥道：「我要的是活馬，你買這死馬回來有什麼用？不是白費了五百兩黃金嗎？」

侍臣沒有露出恐懼的表情，反而笑道：「請國君息怒，錢不會白費的。一匹死馬您都願意昂價買了，這消息傳開，人們都會相信您是真心實意喜愛良馬的國君，而且識貨，說話算話。這樣，一定有人自己上門獻馬。」

後來，不出一年，國君果真得到了三匹別人主動獻來的千里馬。

春秋末年，地處邊陲的燕國崛起，當時燕昭王為了延攬人才很是煩惱，欲以重金四處尋訪有志之士，卻似乎沒有好的管道，不知良士該往何處尋，於是他特地詢問身邊謀臣郭隗的意見。

郭隗聽了，便說了這則「千金市骨」的故事，建議燕昭王可以由他開始。他認為，天下人看到連他郭隗這等資才的人都能受到賞識和重用，人才豪士必然自動來歸，也就無須四處尋訪了。

燕照王聽了決定從善如流，果然，消息放出去之後，四方文武專才紛紛前來投奔，燕國的勢力也得以茁壯強大了。

美國詩人朗費羅說：「我們是以感覺自己有能力做些什麼事判斷自己；而別人卻以我們已經做成了些什麼事來判斷我們。」

別人對我們的認識一定是由外而內，他們首先觀察的會是我們的外在表現，直到有機會接觸時才會重視我們的內在想法。

這麼說來，如果我們希望得到別人的了解，那麼就該先將自己的想法，充分地表露在實際行動上。

將自己的想法和意願表達出來，能夠讓人明白我們的善意和誠意，這樣的話，對方只要有共識，就必定會投桃報李。

有人這麼說，想要達成目標的方法，就是告訴大家自己的目標，那麼，時間久了自然會有人爲你讓出一條路來。

也就是說，當你立定了明確的志向，同時不斷地朝著方向前進，有志一同的人，便會與你併肩同行，如果你能以誠相待，那麼也許就能得到額外的力量，通往成功的路途就近了許多。

燕昭王願意禮遇有德有能之士，所以他以重用郭隗的方式，告知天下能人志士，果然達成了他的目標。

買馬骨是一個投資良才的手段，讓人明白自己的決心和誠意，即便花了千金買回無用的馬骨，若能因此覓得良駒，也算值得。

如何才能把人才變成天才

有潛力的企業懂得善用新人的眼界來突破舊有的窠臼，想要得到天才，要營造足夠的環境，有了充分的機會，時勢就能創造出英雄。

有一個現象蠻有趣的，仔細看看滿街補習班、安親班的廣告，十個就有七八個冠上天才之名，好像只要加入那個機構，就眞的可以培養出天才似的。

字典裡這麼解釋：「天才，即指具有天賦才能的人。」

「天才」這個字眼，很夢幻也很吸引人，但很遺憾的，不管你我情不情願，我們都得接受大部分的人都不過是凡人的這個事實。

話說回來，我們不應該就此妄自菲薄，因爲我們或許無法每一方面都有過人的能力，但是一定能在某個領域裡得到自己獨一無二的生存空間。

盧梭說過：「造就出偉大人物的，是偉大的時勢。」其實，本來每個人都有各自的天賦，最重要的是要懂得把握機會和掌握時勢。

西漢史上最年輕的博士——政論家賈誼，據說從小就展現了過人的才智，有天才兒童的美譽，到了十八歲之時，所寫的文章就已經相當令人注目，遠近馳名。後來，廣納賢才的漢文帝聽說了他的才學，特別派人將他延請到京師來擔任博士，那年他才二十歲而已。

雖然年紀輕，但是賈誼卻絲毫不怕事，經常上書議論國事，向漢文帝提出了不少長治久安的良策，更對諸多陋習提出諫議與勸告。

有一次，賈誼便上書漢文帝，論及治理國家的道理說：

「秦朝的時候，宦官趙高教導秦始皇的次子胡亥，不教仁義道德，專教他怎樣去處決囚犯，所以胡亥所學習到的，不是斬殺犯人，就是怎樣滅族。秦始皇死後，胡亥當上了皇帝。他在即位的第二天就殺人，有人用忠言勸告他，他認為是誹謗；有人向他呈送治國安民的計策，他認為是妖言。他殺起人來，簡直就像割草一樣。

那麼，難道胡亥天生就是這樣殘暴的嗎？不是的。這完全是教導他的人教得不合理，才造成的惡果呀！俗語說：『熟不熟悉做官之事，只要看看他所辦的公事成績如何，就可以知道了！』

俗語又說：『前車之覆，後車之鑑；看到前面的車子翻倒下來，後面的車子就應該從此作為警戒！』秦朝滅亡的前車之覆，我們應該引以為鑑呀！」

漢文帝對賈誼的見解十分欣賞，而後有許多政事都特地要賈誼一同討論，還升他為太傅，負責教導太子學習。

賈誼的文才受到漢文帝的賞識，而他也以自身所學及對政局的體會投桃報李，經常上書論政，給了文帝許多治理邦國的建議，許多政策的施行，也讓漢朝於文帝時期得以政局穩定，國家清明太平。

賈誼特別勸諫文帝要謹記前朝的錯誤，秦朝就是因為施行暴政才失去民心，如果踏上了秦朝苛政擾民的老路，那麼國家的未來也可以預期出會是什麼樣的後果，不得不小心謹慎。

在封建體制下，大家常說：「伴君如伴虎」，意思就是君王掌有生殺大權，負責侍奉的人總是得小心翼翼討帝王歡心，以免一不小心惹怒聖顏，身首異處事小，牽連全家大小事大。但是，賈誼卻不這麼認爲，而敢於進諫，或許也是因爲漢文帝是一名能廣納建言的明君，能夠耐心聽取各方意見的關係。

換言之，賈誼之所以能夠充分展現他的才智，是因爲有明智的漢文帝充分提供他表現的機會與空間，而他也充分地把握了這個機會。

其實，豈止是管理天下如此，就連經營一家小公司也是同樣需要有人提出不同的見解，企業經營者如果老是沉溺於馬屁精的甜言蜜語之中，又怎麼能看出危機所在而及時加以改善呢？

有潛力的企業懂得善用新人，會利用新人的眼界來突破舊有的窠臼，修正沉痾的腳步。如此一來，新人得到了磨練，企業也注入了新血，展現出不同以往的新氣象，眞是一舉兩得的良方。

想要得到天才，要營造足夠的環境；有了充分的機會，時勢就能創造出英雄，你也可以把人才變成天才。

離開一意孤行的老闆

當老闆不再認為你的意見是良策的時候，你的計劃再好，也不會有獲用的機會，那麼何苦浪費彼此的時間呢？

現代人找工作和現代人談戀愛的心態，頗有異曲同工之妙，大家都是抱著「合則聚，不合則散」的想法，所以換工作和換戀人的頻率，遠遠超過我們的父母時代，更不用說是祖父祖母時代了。

以前的人認爲，常換工作的人一定是沒人要的人，就和常換情人的人一樣沒什麼價值。但是，現在可不一樣了，常換工作並不一定表示能力差，可能還是工作經驗豐富的一種表現呢！

這種現象主要的原因就在於自主觀念的崛起，現代人學會愛自己，而不再一味地委屈自己了。所以，老闆們不再擁有絕對的優勢，員工們只要有能力，也可以決定要在哪一棵良木上棲身。

企業渴求有為有能的好人才，而人才也會篩選體質優、福利好的好企業，惡劣剝削的企業和打混沒產值的員工，都得被迫退出這個現代的職場環境，仔細想想這應該算得上是一種良性的競爭成長。

如果員工不適任，或者老闆剛愎自用，那麼還是早早結束這段關係，省得彼此痛苦。

西漢時期有個著名的文學家名叫枚乘，特別擅長寫辭賦。

起初，他在吳王劉濞手下擔任郎中，當他發現劉濞有意想要反叛朝廷時，就勸阻說：「用一縷頭髮繫上千鈞重的東西，上面懸在沒有盡頭的高處，下邊是無底的深淵，這種情景就是再愚蠢的人也知道是極其危險的。如果在上邊斷了，那是怎麼都接不上的，如果墜入深淵也不可能再取上來了。所以，你現在要反叛漢朝，就如這縷頭髮一樣危險啊！」

然而，枚乘的忠告並沒有得到劉濞的採納，於是他只好失望地離開吳國，投奔梁國，成為梁孝王的門客。

到了漢景帝時，吳王果然糾合其他六個諸侯國謀反，結果被朝廷所平滅，從此諸侯勢力被削弱，再也無力反叛。

上端在無極的高處，底下是萬丈的深淵，試問髮絲是如此地纖細薄弱，又如何能支撐得起千鈞的重物呢？

如此的景況，就算是再愚蠢的人也看得出其中的危機，枚乘以這樣的例子勸諫吳王劉濞及早放棄謀反的行動，因為若不及時回頭，就將陷入這般危急緊迫的情況之中了，更進一步地請他不要執迷不悟，以免遭來禍端。

可惜，吳王仍要執意妄為，堅持發兵叛變，果然不到三個月就被太尉周亞夫所平定，七國諸王不是自盡就是被殺。

劉濞不能及時辨別出自己的處境，又被權力薰心執意謀反，雖身為皇族，最後終究落得叛賊的下場。

枚乘明白劉濞的行動是一項危險的舉動，所以秉持著責任向劉濞提出諫言，希望劉濞能三思，取消反叛的行動。

但是，幾番勸諫劉濞仍堅持自己的決定，面對這樣的老闆，枚乘也只能爲自己著想，離開吳國另謀生路。

有一句話是這麼說的：「你不能把你的職業發展完全依賴於僱主，他可不會好到為你操心這些事的地步。」

的確，每個人都有自己的生涯規劃，沒有人應該去爲他人的人生負責，也沒必要爲了三餐而葬送自己的人生。

陣前倒戈確實是要不得的行爲，但是這並不表示我們得陪著冥頑不靈的主子一起沉淪，甚至一起滅亡。所以，當發現問題時，盡自己的職責去告知、去解決，如果苦勸不聽仍一意孤行，那也就無須多費唇舌了。

因爲，當老闆不再認爲你的意見是良策的時候，你的計劃再好，也不會有獲用的機會，那麼何苦浪費彼此的時間呢？

換片天空，彼此都能自由呼吸，不也挺好？

彼此尊重就是最好的互動

地位越崇高的人，他的意見更容易受到更多人的檢驗；反對的人越多，就越能看出一個人的氣度是否寬宏。

心理學家亨利．詹姆斯說過一句話：「與人來往，不能忘記的一件事情就是：對方有其生活方式，所以我們不能去干擾對方的生活圈子。」

如果我們能夠信守這句話，那麼世界上或許就能少去不少的紛爭了。因為，這個世界上大部分的糾紛，都出自於我們老是想改變別人，卻不怎麼想改變自己，彼此互不相讓的結果，就是面對面衝突，優勝劣敗，誰輸了誰就得改變。

其實，彼此尊重就是最好的互動，有時候為他人留餘地，就是為自己留餘地；給別人留面子，自己也會有面子。

春秋時代，晏嬰是齊國的大夫，他的父親死後，由他繼任齊國的卿相，歷任靈公、莊公、景公三朝的相國。晏嬰為人正直，當官清廉，生活非常儉樸，因此上至君主，下至百姓，都對他很尊敬。

一天，晏嬰正準備吃午飯，齊景公派了一個人來見他，晏嬰並沒有因為對方是君王派來的而特殊款待，只是當場把自己的飯菜分成兩份，請來人一起共進午餐。當然，這頓飯兩個人其實都沒有吃飽。

景公知道這件事後，感歎地說：「堂堂一個相國，家裡竟然如此貧困，而我竟然一直不知道。這是我的過錯！」

說罷，景公命人向晏嬰送去千金，以供他接待賓客之用。

不料，晏嬰不但不願接受，還叫來人帶回。景公以為是自己的意思沒說清楚，於是命人再送去，但是晏嬰仍然不肯收下。

當景公命人第三次送來時，晏嬰對來人說：「請稟報大王，我並不貧困。大王給我的俸祿，不僅足夠我供養家人、接待賓客，還可以用來接濟窮苦百姓。所以，我不能再接受大王額外的賞賜了！」

負責送金的人其實也感到非常為難，一方是主公，而一方是相國，得罪了誰都沒有好處。於是，他對晏嬰說：「相國，我是奉命辦這件事的。您這次又不願接受，教我如何去回報大王呢？」

晏嬰想了想說：「既然如此，我和你一起進宮，讓我當面向大王辭謝。」

晏嬰見了景公，感謝他對自己的厚愛，表示作為一個臣子，能吃飽穿暖就可以了，不能有過多的財富，請求他不要勉強他接受額外的賞賜。景公聽了這番話，對晏嬰更敬重了，但還是要把千金賜給他。

景公說：「齊國以前的賢相管仲，為齊桓公成為當時各諸侯國第一個盟主立了大功。桓公賞給他許多封地，管仲沒有推辭就接受了。你晏嬰為什麼要推辭呢？」

晏嬰說：「我聽到過這樣的說法：『聖人千慮必有一失，愚人千慮必有一得。』也許管仲考慮這件事上有所失誤，而我雖然笨，這件事卻應該處理得正確。」

景公見他心意如此堅決，最後只好作罷，但是對晏嬰的氣節也更加敬重了。

一定有很多人認為，晏嬰實在太不給齊景公面子了，特地派人送禮來，居然還百般推辭。但是，晏嬰卻明白這樣的饋贈其實是不必要的，國家的財富都是取之於民，不應該為了私自的享受而隨意浪費公帑。

他堅持婉謝，是因為他覺得知足常樂，貪心無益。

晏子怎麼也不肯接受齊景公的饋贈，齊景公當然對他如此作法頗不以為然，甚至以管仲為例，認為就連管仲如此賢相都不避諱君王的饋贈，不免暗怪晏嬰過於堅持。但晏子卻以為，無功受祿原本就是不正確的事，不過他無意質疑管仲的人品，反倒是以「聖人千慮，必有一失」的可能性來一語帶過，是指思慮再高明周全的人也難免會有所疏失，而愚者如果多方用心，也會偶有所得。

其實，晏嬰的能力並不見得低於管仲，但他卻比管仲更多了一分謹慎，一分謙遜，這番道理說得景公無言可對，只得順了他的心意。

富蘭克林認為，想要建立和諧的人際關係，首先就是尊重對方。他說：「假如對方說了不中聽的話，你也不要討厭他。倒不如用積極的方法儘量轉移話題。同時一方面要尊重對方的意見，如此，對方也會尊重你的意見。」

本來每個人就是不同的個體，不一定都能夠有相同的想法和看法，面對和自己想法歧異的人，若是仍能保有一定的尊重態度，對方縱使再沒風度也不好發作，免除了衝突的危機，就不至於輕易地破壞了彼此間的和諧。

地位越崇高的人，他的意見更容易受到更多人的檢驗；反對的人越多，就越能看出一個人的氣度是否寬宏。

大文豪蕭伯納曾說：「一個人不論有多大成就，他對任何人都應該平等相待，要永遠謙遜啊！」

晏嬰就是這樣一名謙遜的賢者，既護衛自己的堅持，也表明了對齊景公和管仲各自生活態度的尊重；不爲了保護自己而不惜傷害他人，這才是眞正的賢明氣度。

為了達成目的，不妨拍拍馬屁

先表現得以對方利益為重，實際上自己才是真正得利者，這需要相當高明的技巧；處理得好，是聰明人，處理得不好可就會變成愚人了。

好惡的影響力是非常強大，我們對於自己喜愛的人、崇拜的人、尊敬的人所提出的要求，必定特別難以抗拒。反之，對於我們討厭的人、憎恨的人、鄙視的人、反對的人，態度則會特別嚴苛。

從這個論點我們就能充分了解到，爲什麼我們總是無法拒絕那些讓自己看起來比較順眼的推銷員，也會忍不住拿糖果輕哄連哭鬧都看起來很可愛的小孩。

討好，是爲了達到某種目的，讓步則是爲了側過身再繼續前進。所以，當我們有求於人的時候，我們就會想辦法討好與讓步，以期讓對方對我們產生好感，進而答應我們的要求。

這就是人性，誰也難以規避。

唐代著名的文學家韓愈，從小刻苦向學，年紀輕輕就博覽群書，在學問方面打下了堅實的基礎。

韓愈三十五歲到京城，擔任國子監博士（中央最高教育機構的教師），後來又被提升為刑部侍郎（中央司法部門的副長官）。

當時佛教相當盛行，上至皇帝唐憲宗，下到平民百姓，幾乎人人都崇尚佛教。唐憲宗相當迷信，有一次聽說有座寺院裡安放著一塊佛祖釋迦牟尼的遺骨，便準備興師動眾，將之迎進宮裡頂禮膜拜。

自詡才識過人的韓愈覺得此舉非常不妥，於是寫了一篇《諫迎佛骨表》的疏文加以反對。其中提到，自從佛教傳入中國後，帝王在位時間都不長，特別是想拜佛求保佑的帝王，結局必然是悲慘的。

唐憲宗看了這篇疏表，當然十分惱怒，以為韓愈不只是故意與自己作對，而且援用歷史來影射自己活不長命，憤而即刻要將韓愈處死。幸虧宰相為韓愈說情，他才逃過一劫，改為貶職，外放到潮州擔任刺史。

唐朝中期，中央統治權力已日益削弱。憲宗執政後，改革了一些之前的弊政，重新強化了中央政權的統治。

遭貶至潮州的韓愈，為了要重回長安政治中心，再次向憲宗上了《潮州刺史謝上表》，為憲宗勇於革除時弊的措施極力歌功頌德，期望能重新得到憲宗的信任，早日返回到朝廷。

在這篇疏表中，韓愈極盡恭維之能事，稱憲宗是扭轉乾坤的中興之主，並且建議憲宗到泰山去「封禪」。

封禪，是一種祭祀天地的大典。古人認為五嶽（五大名山）中泰山最高，登到山頂築壇祭天稱「封」，在山南梁父山上闢基祭地叫「禪」，歷史上有名的秦始皇和漢武帝，都曾舉行過這種大典。

韓愈將憲宗比喻為貢獻傑出的帝王，討好的意味相當濃厚。

韓愈還在這篇疏表中隱約地表示，希望憲宗也讓他參加封禪的盛會，並說如果他不能參加這個千年難逢的盛會，將會終身引以為憾。

唐憲宗看了充滿奉承阿諛的奏表，自然龍心大悅，後來終於把他調回京都，讓他擔任吏部侍郎（掌理全國官吏升降、調動等的機構的副長官）。

即使是自詡清流的韓愈，也免不了做出逢迎拍馬的行爲，只是格調看起來高了一點罷了，本質上還是一樣的。

一直以來，唱反調的人，多半沒什麼好下場，自己說得嘴破、累得要命，別人卻聽不進去、氣得要死。

韓愈排佛，認爲供佛造成迷信，對於這股由帝王本身帶動的歪風逐漸盛行感到憂慮，屢次上書進諫，終於惹怒了唐憲宗而遭到罷黜。然而，後來他又建議憲宗安排封禪儀式，似乎前後立場有點對立。

身爲人臣，固然是希望受到君長的重用，能發揮所長，爲國家效力。韓愈諫迎佛骨，是希望君王能以身作則杜絕歪風，但不爲憲宗所接受，所以後來改爲投其所好，讓君王龍心大悅，對他印象好轉，實在此一時，彼一時也。不過，人性本來就如此，倒也無可厚非！

有一句話這麼說：「以退讓開始，以勝利告終。」先表現得以對方利益爲重，實際上自己才是眞正得利者，這需要相當高明的技巧；處理得好，是聰明人，但處理得不好可就會變成愚人了。

想使用這個方法的人，可得小心謹慎，以不顯露自己的意圖，方爲上策。

小心翼翼，才能降低失敗的機率

拒絕可能會失敗的挑戰，感覺上好像沒什麼運動家精神，但不可諱言的，這也確實是避免失敗的一個方法。

沒有人能夠保證自己只會成功，從不失敗。

運動員每一次的對手都不同，每次比賽的體能狀況也不同，就算是「常勝將軍」也難保不會有吞下敗績的時候。

然而，若想要成功的機率高些，失敗的機率少些，還是有兩個方法。一個是努力鏟除障礙，一個是小心避開災禍。

戰國末年，秦昭王為了一統天下，重用大將白起。白起帶兵出征，攻無不克，銳不可擋，先後打敗了韓國和魏國，斬殺韓、魏兩軍的首級達二十四萬顆。此後幾年，秦軍又經常侵擾韓、魏的國土，攻佔許多城池，奪去無數人的性命，使韓、魏兩國百姓不得安寧。

西元前二八一年，秦昭王又派白起去攻打魏國的都城大梁（今河南開封）。有位遊說之士蘇厲得知這個消息後，對周赧王說：「如果大梁被秦國攻佔，那麼周朝就將危險了！」

周赧王是東周的君王，名義上雖是天子，實際上只有統治周都雒邑王畿而已，各諸侯國根本不把他放在眼裡。其中對周朝威脅最大的就是秦國，因此，赧王聽到蘇厲的分析，驚慌不已，連忙問他該怎麼辦。

蘇厲獻計道：「為今之計，應派人去勸阻秦將白起發兵。」

蘇厲受周赧王之命來到了秦國拜訪白起，一見面就先對他說了一個故事。

話說楚國有個著名的射箭手，名叫養由基。此人年輕時就勇力過人，練成了一手好箭法。當時，還有一個名叫潘虎的勇士，也擅長射箭。一天，兩人在場地上比試射箭，許多人都圍著觀看。靶子設在五十步外，撐起一塊板，板上有一個紅心。

潘虎拉開強弓，一連三箭都正中紅心，博得圍觀的人一片喝采聲。潘虎隨即洋洋得意地向養由基拱拱手，表示請他指教。

養由基環視一下四周說：「射五十步外的紅心，目標太近、太大了，還是射百步外的柳葉吧！」

說罷，他指著百步外的一棵柳樹，叫人在樹上選中一片葉子，塗上紅心作為靶子。接著，他拉開弓，「嗖」的一聲射去，結果箭鏃正好貫穿在這片柳葉的中心。

在場的人都驚呆了。潘虎自知沒有這樣高明的本領，但又不相信養由基箭箭都能射穿柳葉，便走到那棵柳樹下，選擇了三片柳葉，在上面用顏色編上號，請養由基按編號次序再射。

養由基走前幾步，看清了編號，然後退到百步之外，拉開弓，「嗖」、「嗖」、「嗖」三箭，分別射中三片編上號的柳葉。這一來，喝采聲、歡呼聲雷動，潘虎也口服心服。

就在一片喝采聲中，有個人在養由基身旁冷冷地說：「嗯，有了百步穿楊的本領，才可以教他射箭了！」

養由基聽到這個人口氣這麼狂妄自大，不禁生氣地轉過身去問道：「喔？那你準備怎樣教我射箭？」

那人平靜地說：「我並不是來教你怎樣彎弓射箭，而是來提醒你該怎樣保持射箭名聲的。你是否想過，一旦你力氣用盡，只要一箭不中，你那百發百中的名聲就會受到影響。一個真正善於射箭的人，應當注意的是如何保持名聲！」

養由基聽了這番話，覺得很有道理，再三向他道謝。

蘇厲說完了故事，話鋒一轉，對白起說：「白將軍，您打敗了韓、趙等國，已取得了許多土地，居功甚偉。現在您又將再度帶兵出關，但是這次您得越過東周王室的領地才能攻打大梁，若是一戰不能得勝，對您百戰百勝的名聲恐怕有所損傷，倒不如稱病不出來得好些。」

白起聽了，覺得不無道理，便藉口託病，使得秦國暫停向魏國的進攻。

蘇厲之所以用「百發百中」的故事向白起進言，勸他不要貿然出兵大梁，是因爲如果秦軍受到韓國和周天子軍隊夾擊，即使是如白起一般驍勇的名將，以寡擊衆也不一定能夠一舉成功。而將帥一旦有了敗績，那麼之前的功勞，說不定也會全部被抹煞，難以再受君王信任。

所謂「一將功成萬骨枯」，經過諸多的犧牲與奮戰才換來功名，但白起最後仍是連身家都保不住，讓人不禁疑惑究竟誰才是眞正的勝利者。

冠軍的寶座只有一個，坐上去的人自然得想辦法才能繼續穩坐在上面，只是江山代有才人出，長江後浪推前浪，日後必定會有更多的後起者前來挑戰，要如何維持自己的水準與聲名，才是最困難的事。只要一次技不如人，就得讓出寶座，這聽來或許很殘忍，卻也非常現實。

雖然，拒絕可能會失敗的挑戰，感覺上好像沒什麼運動家精神，但不可諱言的，這也確實是避免失敗的一個方法。

機運必須自己去耕耘

成就不在於幸運，而是提升自己到足以抓握機運的高度。如果自己不給自己機會去努力，那麼永遠不可能會有成功的機會。

有許多人常常大嘆自己是沒有伯樂賞識的良駒，認爲自己空有才能卻無人欣賞。其實，這樣的人最需要明白的一件事就是——機會是不會憑空降臨的。

法國作家羅曼．羅蘭說：「幸運的背後總是靠自身的努力在支持著。一旦自己鬆懈下來，幸運也就跟著溜走了。」

而英國哲學家培根則說：「意外的幸運會使人冒失、狂妄，然而經過磨練的幸運卻使人成為偉大。」

有時候，機會的到來或許會讓人誤解爲是一種幸運，但是如果不曾事先耕耘醞釀，機會上門時，我們又怎麼辨別得出哪是一個機會呢？

戰國時代的縱橫家蘇秦之所以能夠官拜六國宰相，或許是他的時運，但是，如果他不曾徹底痛下苦心致力充實自己，縱使時局有了這個機會，恐怕他也不見得能把握得住。

能有這樣的結果，或許得歸功於他年輕時的受挫經驗。

蘇秦年輕的時候，曾經離家和魏國人張儀一起拜謀略家鬼谷子為師，專研「縱橫之術」，後來成為戰國時代極負盛名的大政治家。

所謂的「縱橫之術」，就是替人出謀劃策的工作，靠著好口才、慎謀略的本事，向各國國君提出各種建議，一旦意見受到主政者的賞識，即使是一介布衣，也可能一下子就獲得地位崇高的官爵。

蘇秦才剛剛學成，就急著下山積極地想從事這方面的工作，可是時運不濟，出外遊說了好幾年，卻使終沒能得到重用。

他曾信心滿滿地向當時的西方強邦秦國提出「連橫」主張，分別和其他六國結盟，再一步步將之吞併。可惜這個主意因為秦惠王覺得秦國雖然國勢日強，但是尚無一統天下的實力而作罷，計劃也因此胎死腹中。

來到秦國耗盡了所有盤纏的蘇秦，落得一事無成，眼看著就要山窮水盡，只好拉下臉回到家鄉求助。

當年信誓旦旦地外出學藝，如今卻衣衫襤褸地回到家來吃閒飯，整個家族沒人看得起他，誰也不給他好臉色看。特別是他的嫂嫂，不但對他日常所需半點也不搭理，更常常白眼相向，劈頭就罵他遊手好閒、不務正業，還口口聲聲斷言他今生今世都永無出頭的一天。

家人的種種輕蔑態度，特別是嫂嫂的羞辱，讓蘇秦感到相當難受，也相當氣憤不平。他不甘心自己就這麼一輩子被人瞧不起，於是立誓發憤苦讀，將以往老師鬼谷子所傳授的兵書謀略全部重新整理吸收。

潛心向學的結果，蘇秦終於有了一番新領悟。

他再次離家外出，不過為了雪恨，這一次他反過來以「合縱」的觀點，向飽受秦國騷擾的六國獻策，首先說服了燕國與趙國聯合，再由他負責去說服其他四國一起對付強大的秦國。

他被燕文公拜為相國，又被趙肅侯封為武安君，身掛兩國相印，獲賜兵車百輛、錦緞千匹、黃金二十萬兩，緊接著又準備到楚國遊說楚王。路經洛陽時，不只周天子特地命人灑掃街道迎接，百姓更是夾道爭相一睹蘇秦的光采。

他的父母知道後，立刻灑掃庭院，陳設酒席，並特地率領親族來到洛陽城郊三十里的地方迎接他。他的妻子不敢正眼看他，而只敢側耳傾聽，他的兄弟更是連看也不敢看他，只敢低著頭侍奉他，至於他的嫂子，則伏在地上拜了四拜，向蘇秦承認自己從前的過錯。

蘇秦見了，不禁冷笑著對嫂子說：「嫂嫂，你為什麼從前那樣傲慢自大，而今天卻又這樣的卑微謙恭呢？」

蘇秦的嫂嫂被他這麼一問，真是又愧又怕，便連連叩頭求饒說：「那是因為小叔現在職位高，多富貴啊！」

蘇秦聽了這話，不禁長歎一聲，說道：「唉！同樣是我蘇秦，富貴的時候親戚怕我，貧賤的時候連父母也不把我當兒子看待。看來，人世間不以貧賤富貴來待人的人實在太少了！」

沒有人會永遠成功，當然，也沒有人會永遠失敗。在別人低潮的時候，心情肯定也是落到了谷底，我們不一定要矯情地假意安慰，但至少別棒打落水狗，小心狗被逼急了也會跳過牆來咬你一口。

所謂「人窮志短」，意思就是說人在貧困的時候，有再大的志向也不得不先向環境妥協。如果沒有足夠的毅力與耐力，咬著牙渡過這個難關，想要成功無疑難上加難，因爲光是要應付生活上的問題，就足以將所有的豪情壯志漸漸消磨殆盡。

蘇秦的嫂嫂嫌貧愛富，瞧不起落魄的蘇秦，是以經常冷言相對，態度極其惡劣；受到奚落的蘇秦，心情固然沮喪不平，但自己目前的確一事無成，無言可以反駁，於是他忍辱負重，決定引錐刺股，立志苦讀熟習兵書，最後終於得以伸展自己的抱負，向六國遊說成功，身佩六國相印。

他的成就不在於他幸運，而是他終於提升自己到足以抓握機運的高度。雖然他感嘆世人前倨後恭的虛偽，但卻很明白如果自己不給自己機會去努力，那麼永遠不可能會有成功的機會。也因爲有過那樣傷痛的過往經驗，才能讓他痛定思痛徹底改變自己，檢討過去的對錯是非。

如果蘇秦一開始就一帆風順，沒有任何問題，享盡衆人的恭維，他或許就會因此驕傲自大，永遠察覺不了自身的錯誤，那麼他的失敗也將是可預期的。

他的經驗，可以用一句非洲俗諺來說明：「記著去時走錯了路的教訓，回來時就順利了。」

因爲走錯了路，所以更認眞去問路、記路，因爲有了這一層努力，回程時自然能順利返航了。

保持理智，就不會冒冒失失

不受敵方煽動而在準備不足的狀況下倉皇出擊，也是一種智慧。保持冷靜，判斷出最好的局勢與策略，才能讓事情快速而又正確地完成。

做事講求績效，意思就是要「快又有效率」，這句話的重點在於效率，能夠做得快是很好，但最重要的還是要能做得好。

做事急就章，匆匆忙忙、隨隨便便，草草完成的東西如果沒有好品質，最後不得不重新來過，那還不如多花點時間一次處理完成來得恰當。

這樣的想法相信每個人都有，相信每個人也都懂，不過，別忘了，事情沒有絕對，處理事情絕非只有一種方法，要懂得因時制宜，有時候反其道而行，當時間不夠的時候，不妨也可以利用擴大空間的方式來爭取應變的時間。

漢武帝時代的御史大夫韓安國，就曾經以這樣的反向思考，識破了匈奴人的拖延戰略，替漢軍省下一筆敗仗紀錄。

漢武帝主政之時，漢朝和匈奴的關係時而交戰，時而議和。

有一次，匈奴方面突然派了一位使者前來議和，武帝一時之間難以決定，便召集朝廷的文武大官共同商討。

其中有位大臣名叫王恢，過去曾在邊疆做過好幾年官，自認對於匈奴的情況相當瞭解。他認為憑漢朝的軍事實力，一定能掃平匈奴，因此他反對與匈奴議和，而且建議漢武帝立即發兵去征伐匈奴。

但平定「七國之亂」時頗有戰功的韓安國卻站出來大聲反對，他說：「現在匈奴的兵力日益壯大，而且又神出鬼沒，流竄不定，如果我們要出兵千里去圍剿，不但很難成功，而且會給匈奴以逸待勞的致勝機會。到時候，情形就會像是射出的箭矢飛行到最後沒有力量，連最薄的綢緞也無法穿破，狂風的尾巴連很輕的羽毛也無法吹動一樣。我們現在如果發兵征伐匈奴，實在是不智之舉。依我的看法，倒不如和他們締約談和。」

韓安國清楚地指出漢軍千里跋涉，縱使當前戰力再盛，等軍隊終於抵達邊疆的時候，總不免兵疲馬困，恐怕就會中了匈奴「以逸待勞」的詭計。

在場的官員都覺得他的見解很有道理，漢武帝最後採納了韓安國的意見，同意和匈奴議和。於是，一場可能發生的戰爭，就此冰消瓦解。

匈奴國處邊疆，地幅遼闊，雖然時常侵擾漢境，且因其兵力遊走迅速，擅打游擊戰，令漢軍備感棘手。即使漢朝的國力強過匈奴數倍，兵力也較爲雄厚，但是沒有經過事先部署與安排，很難達到一定的功效；因爲漢軍一旦遠行千里之後，早已兵馬困頓，一點戰力也沒有了。

匈奴的兵力或許不足以和漢軍正面衝突，但是他們卻可以充分利用地理環境，以空間來換取突擊的時間，如果漢軍自恃過高，沒有萬全準備就輕易受激出兵，那麼匈奴兵少的弱勢，反而因此變成了以逸待勞的優勢。這便是善於謀略的韓安國所憂心的問題，所以他建議寧可先暫時隱忍匈奴的挑釁，採取守勢在邊疆之境屯田駐兵，以時間換取空間，準備充分了再攻也不遲。

英國政治家狄斯雷里說：「行動不受感情支配的人，才是真正的偉大。」

懂得忍耐，不受敵方煽動而在準備不足的狀況下倉皇出擊，也是一種智慧。

做事不拖延、掌握時效當然是正確的，但是，如果光爲了追求時效而失去準則，冒失行動，就顯得不智。

英國有一句格言說：「理智一旦被『衝動』所淹沒，行動的列車就會出軌。」

保持冷靜，判斷出最好的局勢與策略，才能讓事情快速而又正確地完成。

摒棄成見，才能利用別人的優點

成功者要有容人忍人的氣度，摒棄自我的偏見，在敵人身上找尋對自己有利的特點，然後充分利用，就能將自己推上成功之巔。

你討厭你的敵人嗎？

這個問題乍聽之下很好笑，當然討厭！既然是敵人怎麼可能會喜歡呢？可是，我們可曾想過爲什麼我們一定要討厭敵人？這些敵人究竟是怎麼來的？爲什麼耶穌和佛陀要求我們要「愛我們的敵人」，進行起來那麼困難？如果我們沒有將對方視爲敵人，那麼對方還能算得上是敵人嗎？

或許，敵人可解釋爲競爭對手，因爲他們和我們爭奪相同的利益，而且可能造成我們某種程度的損失，所以我們必須將他們視爲敵對，徹底地討厭他們，彷彿如此才能保持足夠的競爭力。因爲好像只要緊守著那一份不認輸的感覺，就像有了一種無形的支撐力，支撐著我們持續下去。

然而，這些被我們視爲敵人的人，眞的一無可取嗎？

換個時間立場，我們還會這麼想嗎？

西元二五年，劉秀在洛陽建立了東漢王朝，史稱漢光武帝。但是，這時天下尚未統一，當時曾經在王莽當權時擔任蜀郡太守的公孫述，仍據有益州之地，在成都稱帝，而擁有天水、武都、金城等郡的隗囂，則自稱為西川大將軍。兩人在利益上發生了衝突，於是雙方爭鬥不休。

想要一統天下的劉秀，心知要一次對付兩個敵人並不容易。於是他決定利用公孫述和隗囂的矛盾關係來達成自己的目的。

為了阻止盤踞四川的公孫述勢力繼續向外擴展，首先劉秀決定先拉攏隗囂，給隗囂寫了一封措詞委婉的書信，希望他能夠憑藉自己的兵力，堵擊公孫述的進犯。

他在信中說道：「我現在忙於在東方作戰，大部隊都集中在那裡，西方兵力不免薄弱。如果公孫述出兵到漢中並企圖進犯長安的話，我希望能夠借助將軍的戰鼓和軍旗，使雙方勢均力敵。」

隗囂評估了時勢之後，覺得和劉秀合作對自己比較有利，於是便派員輸誠，表示有意稱臣。

劉秀遂封隗囂為西川大將軍，領兵打退了從長安往西發展的赤眉起義軍。當時，有人跟公孫述勾結，出兵襲擾陝西中部一帶，準備進攻長安，隗囂也率兵配合劉秀的軍隊，阻止了這場戰爭。

因此，隗囂得到了劉秀的信任和尊重，成為東漢光武中興的一員大臣。

有一句話是這麼說的：「沒有絕對的朋友與敵人。」

劉秀得以一統天下，就是在於他能不念舊仇、禮賢下士，只要是有用的能人，有適合的位置得以安排，他都能知人善任，並不會因爲自己的私怨而壞了大事，一切以大局爲重。他很明白自己主要的戰力多集中在關東，倘若佔據益州的公孫述圖謀不軌，想危害到長安，自己的主力軍隊必定救援不及，因此他急著想籠絡四川的隗囂爲其守護西境。

同在四川的隗囂與公孫述二人齟齬不和，勢如水火，早已是衆人皆知的事實，加上隗囂前來輸誠，願爲東漢王朝效力，於是劉秀便趁機使其互相牽制，以補強自己西方兵力不足的缺點。

劉秀、公孫述、隗囂三人本是利益衝突的敵人，三方或許勢均力敵，一對一來比可能誰也贏不了誰，但是二對一的勝面自然就大得多了。如果他們始終互不相讓，說不定時間久了，彼此內耗殆盡，誰也得不到什麼好處，反而會讓環伺一旁的枝節勢力得逞。

刀子是利器，使用不當可能會受傷，但是抓對了刀柄，使用得當則既能傷人也能自衛。敵人又何嘗不是如此？能夠善用權謀，減少一個敵人，增加一個幫手，不也是一項成功的途徑嗎？在對的地方用對的人，這是「知人善用」的核心價值，成功者要有容人忍人的氣度，摒棄自我的偏見，在敵人身上找尋對自己有利的特點，然後充分利用，就能將自己推上成功之巓。

03

掌握敵人心理，便能借力使力

每一次經歷，都是一種學習，我們可以從別人的成功與失敗之中，去歸納演繹我們腦袋裡的人生藍圖，去規避錯誤，去尋找捷徑。

能力與才氣要用在對的地方

欺騙，是一種惡劣的行徑；別人與你交易往來，是基於彼此的信任，若是濫用別人的需求，進行惡意的詐騙，那可真是可惡至極。

幽默大師林語堂先生相當推崇的清代詩人張潮，在《幽夢影》裡曾經留下這樣一段話：「花不可無蝶，山不可無泉，石不可無苔，水不可無藻，喬木不可無藤蘿，人不可無癖。」

這段話意在強調興趣的重要，林語堂也認爲，如果一個人沒有任何興趣、癖好來舒緩自己的心靈，而光是勞勞碌碌地過完一生，豈不是太悲哀了嗎？

然而，興趣嗜好雖然重要，但是走火入魔、迷失自我而處心積慮「奪人所好」，可就不是件好事了。

宋朝著名的書畫家米芾有個嗜好，就是專愛收藏名人字畫，為此，他甚至不惜藉由欺騙的手段來達到自己的目的。

平日，只要聽說誰家有名人字畫，他就千方百計把它借來，說是觀賞，其實是臨摹。他的本事就是可以臨摹得和原作幾乎一模一樣，然後以假亂真把臨摹品還給人家，而自己留下真跡。有時，他甚至把原作和臨摹品同時給原主挑選，原主往往還上當，反而誤選了他的臨摹品。

有一次米芾在船上遇見了蔡攸，蔡攸拿出晉代書法家王羲之的真跡請他欣賞，他一看就不肯放手，一定要用一幅畫同蔡攸交換。

蔡攸不同意，他就苦苦哀求，糾纏不休，見蔡攸不為所動，最後竟以投河自殺相要挾，蔡攸無奈，只得同意交換。

類似這樣的例子不勝枚舉，當時的人便把米芾這種為收藏書畫不擇手段的伎倆，叫做「巧取豪奪」。

欺騙，是一種惡劣的行徑。別人與你交易往來，是基於彼此的信任，相信彼此是站在互信互利的立場，你售我所需，我付你所得，彼此都滿意，才算是一筆好交易。若是濫用別人的需求，進行惡意的詐騙，那可真是可惡至極。

米芾能把贗品臨摹得令人真假難辨，可見得他書畫的技巧之高，但是再好的才氣，倘使沒有良善的品性相輔，還是難以受人敬重。

為了達到自己的目的，不惜一哭二鬧三上吊，各種手段百般使盡，別人雖然眼前容忍了你，背後的各種閒話可饒不了你；以致於像米芾這樣的書畫名家，傳世的畫名還不如他「巧取豪奪」的行徑來得為人所知。

其實，米芾爲文奇險，不蹈前人，擅畫山水，自成一格，他的爲人性格也同樣放蕩不羈，輕視禮教，時常裝瘋賣傻的。可惜，他濫用了對於鑑賞古物字畫的天分，得到了墨寶，卻失去了尊嚴。

法國作家羅曼．羅蘭說：「沒有偉大的品格，就沒有偉大的人，甚至也沒有偉大的藝術家、偉大的行動者。」

米芾算是白白浪費了自己的天分與才氣，因爲他的言行有了瑕疵，別人對於他的能力也相對地打了折扣。

心之所欲不能得時，難免會讓人覺得沮喪，終日飽受誘惑折磨，更是一種難忍的痛苦。如果是個愚人，不知自己有什麼其他的方法可以獲得時，可能也做不出什麼壞事；但如果是個有能之人，說不定就會利用他的才智與技能去做出不正當的事情來，所造成的違害也就更大了。

這種情況，正如捷克教育家夸美紐斯提醒我們的話語：「正如田地愈肥沃，蒺藜愈茂盛一樣，一個絕頂聰明的心裡如果不去布下智慧與德行的種子，它便會充滿著幻異的觀念。」

所以，愈是聰慧的人，愈要小心導引自己走上正途。

做好準備就不怕沒有出頭的機會

有些人老是抱怨自己時運不好，別人都看不到自己的優點，其實，如果每一次對考驗都避得遠遠的，別人又如何看到我們的優點。

如果，有一天老闆突然額外交付你一些工作，那並不是你份內的工作，也可能和你目前的工作無關，甚至可能超出你目前的能力範圍之外，你會如何反應？回應的態度大概不外幾種。

一、敢怒不敢言，儘管毫無頭緒，表面上硬著頭皮接下工作，但暗地裡將老闆罵個狗血淋頭，甚至到處宣揚老闆的「惡質」行為。

二、立刻爆發，反正不會的事就是不做，說什麼也沒用，大不了不幹了。

三、雖然不會做，但是很樂於學習，感謝老闆給你機會。

四、快速分析現況，向老闆提出最好的方法以及處理這件事情的最佳人選。

第一種人是小人，陽奉陰違的行徑或許一時之間沒留下什麼把柄，但最後交出來的差事也可能零零落落。事情失敗了，他責怪的對象當然不會是自己，因爲這一切都是別人造成的錯。

第二種人是莽夫，逞一時的意氣或許讓自己覺得痛快，但是就這麼輕易破壞之前經營的成果，値得嗎？

第三種人是樂天派，吃苦當吃補，將生活的困境當成磨練，是強化自我籌碼的手段，辛苦雖然辛苦，但自己獲得的肯定也不少。

第四種人是成功的人，平時就做足了妥善的準備，發生問題是檢驗危機處理能力的最佳時機，雖然自己的能力有限，但是知道廣營人脈、適時求助就是最的解決方案。這樣的人隨時準備好答案，甚至自己提出問題找出答案，試問，還有什麼難得倒他？又有什麼事不能成功呢？

漢初三傑之一的韓信，就是一個很好的例子。

韓信尚未發跡之前，曾幾番被人認為懦弱無能，是個沒有出息的人，即使後來投奔了項梁所領導的抗秦起義軍，也始終沒沒無聞。

項梁死後，韓信轉至項羽麾下，多次向項羽獻計，都沒有被採納，於是他決定投奔漢王劉邦。但是，他到了劉邦的軍營裡，仍然只得到了一個管理糧餉的職位，同樣不受重視。直到丞相蕭何一再推薦，劉邦才正式拜他為大將。

拜將儀式結束後，心中仍有疑慮的劉邦問韓信道：「丞相一再談起將軍，不知將軍對於楚漢相爭的局面有什麼高見指教？」

韓信謙虛了幾句後，反問劉邦道：「大王自己估計一下，您在勇敢、仁厚和兵力各方面與項王相比，誰比較強？」

劉邦沈默了好半天，才回答說：「我各方面都不如他。」

於是，韓信具體地分析了項羽的特點，以及項羽的致命弱點，說明了項羽名義上雖然稱霸天下，實際上卻不得人心，並沒有得到老百姓的支援。

最後，韓信提出了進兵計劃：「現在大王如能採取和項王相反的辦法，任用天下武勇能幹的人，有什麼地方不能討平呢？把天下的城池分封給有功的部屬，有什麼人會不心服呢？我們的軍事行動符合將士們要求東進的期望，有什麼敵人打不敗呢？再說，大王進入咸陽城的時候，紀律嚴明，對老百姓絕無冒犯侵擾，還取消了秦朝苛刻的法令，只不過和他們約法三章，不許殺人、傷人和盜竊罷了。關中的老百姓沒有不希望大王統轄那裡的。現在大王如果帶兵東進，關中地區只要發一道佈告，就可以收復了！」

劉邦聽了韓信這番話，非常高興，只恨太晚遇到他了，決定立即採納他的計劃，議定各路將領進兵攻擊的目標。

得到了韓信這員猛將相助，加上蕭何、張良的時時提點，籠絡民心，劉邦得以轉進關中，取得優勢，乃為最後獲勝的關鍵。韓信在劉邦陣營的地位至此更形穩固，而他也屢屢立下戰功，堪稱漢王朝建立的最大功臣。

韓信懷才不遇，雖投入了劉邦旗下，仍不受重用，若無蕭何的多次薦舉，也難讓劉邦正視他的才能。

洞析局勢的韓信，很明白當時劉邦最苦惱的便是要如何爭取反敗爲勝的契機，以奪得最後的勝利。韓信能夠把握住時機，將心中早已反覆思量的計劃全盤托出，他的計劃有條不紊、切中目標，當然能夠得到上司的贊同。

身爲老闆，想要建立自己的事業，單打獨鬥幾乎是不可能的，所以尋覓良將、好幫手是每個老闆心裡最重要的一個任務。然而，好的將才要怎麼找呢？

其實，發問是最簡單的方法，丟出一個問題，只要能用最快、最好的方式處理的人，就是最適當的人選。

做好準備，就不怕沒有出頭的機會。有些人老是抱怨自己時運不好，別人都看不到自己的優點，其實，如果每一次對別人給我們的考驗都避得遠遠的，別人又如何看到我們的優點？

站在對方的立場上去設想，發現對方重視的題目，沙盤推演想出辦法，備而不用，儘管很可能這個方案永遠無用武之地，但是總好過眞的發生問題的時候，連佛腳都不知道該到哪裡去抱來得好些吧！

沒有人一生平順得什麼問題都沒有的，也沒有人一生完美十項全能的，有問題不是壞事，只要懂得如何去解決問題就行了。

多一分寬容，行事才會從容

如果只是因為生氣而批評，開口前最好先想一想，逞了一時口舌之快，可能忍耐多年總算能一吐怨氣，但他又得到了什麼呢？

世間萬物爲了生存都有保護自己的本能。保護的方法不外有二，一是傷人，一是自傷；壁虎遇到危險，不惜斷尾逃生，而渺小如蜂蟻等昆蟲，在遭受攻擊的時候，就算犧牲生命，也要狠狠囓你一口，螫你一記。

人與人之間也是如此，彼此沒有接觸的時候，大家當然可以禮儀相待，什麼事都客客氣氣，反正並沒有傷害到自身的權益。但隨著接觸的機會多了，碰撞的結果總是會有一方受到影響，如果力道太大，可能彼此都會受傷。

當我們受到攻擊的時候，第一個念頭肯定是反擊，而且專挑對方的弱點下手。

對於我們了解不深的敵人，其實是很難看到他的弱點的，假設眞的能造成傷害，恐怕也是意外使然，誤打誤撞的結果。但是，對於我們最親密的人、關係最親近的人來說，因爲我們對對方瞭若指掌，所以無形中也就握有了攻擊對方最致命的武器。

因爲太過親近，所以彼此所造成的傷害也就越深。

如果這就是人性，那我們大可不必矯情地說「不論別人怎麼對待，都能甘之如飴，泯笑以待」。會心生報復總是人之常情，然而，事情一旦發生就無法挽回，如果我們始終耿耿於懷、念念不忘，其實到頭來眞正受傷的還是自己。

東漢末年有過這麼一個故事，讓我們知道處事之時多一點寬容，其實就是給自己多留一點迴旋餘地。

當時，擔任廣陵太守的陳登大力革除弊政，很受百姓擁護。

有一天，他的故友許汜前來拜訪，但兩人言談之間，陳登卻發現許汜胸無大志，這次特地前來拜訪，其實也只是意在謀求田地，購置房產，心裡有點看不起他，接待時也對他頗為冷淡。

當天晚上，許汜夜宿在陳登家。沒想到，陳登並沒有把這個老朋友當作上賓招待，只讓他睡在下床，而自己睡在上床。受到如此的待遇，讓許汜心中耿耿於懷，很快就離開了廣陵。

過了幾年，許汜到了荊州，在荊州牧劉表手下任職。一次，他與劉表以及前來投奔的劉備在閒談中評論人物時，談起了陳登。許汜二話不說，劈頭就講：「陳登此人確有抱負，但待人有點粗豪。」

劉備並不認識陳登，對他的為人也不太瞭解，於是便問劉表：「許先生對於陳登的說法對嗎？」

劉表為難地說：「說不對嘛，許先生一向很有見識，應該不會隨便這樣評論；說對嘛，陳登卻又是名重天下的人物，似乎不至如此。」

於是，劉備乾脆直接向許汜請教：「先生說陳登粗豪，可有什麼根據？」

許汜把幾年前到陳登那裡拜訪的事說了一遍。

劉備聽後說：「先生雖然頗有名望。如今天下大亂，連皇帝也流離失所，人們都指望先生憂國忘家，有救世的志向，而先生卻只想謀求田地，購置房產，貪圖安逸。看來，當時先生所說的沒有什麼可以採納的，如果是我碰到先生，將是我睡在百尺樓上，而讓先生睡在地下！」

相信一定很多人會和劉備一樣，認為許汜是因為對陳登有成見，所以故意說陳登壞話，這樣偏激的言論不足採信。

當然，陳登確實有錯在先，他只是因為許汜的一席話就斷定許汜貪財好利，甚至認為這樣的人，不足以給予禮貌對待。換句話說，是陳登無禮在先，許汜會有這種受傷的感受倒也無可厚非，當旁人問起陳登的為人時，自然多少有了些不好的言論。於是，當劉表與劉備要求他評論陳登時，他便趁機將自己心中的想法表達出來，這種行徑雖然是人之常情，但也算背後中傷了。

許汜或許器量狹小，但陳登又何嘗是個行止真正得宜的人呢？

所謂事不關己，關己則亂，許汜因為心中記掛著對陳登的怨恨，所以想法難免有所偏頗，只是，批評如果加入了情緒，就算是一種言語的傷害了。

英國作家約翰遜說：「發牢騷的人所能獲得的並非同情，只是輕蔑。」

這恐怕就是許汜的最佳寫照了。沒有人會去替你想像到底你的對手有多麼可惡，別人只看到你爲了傷害別人而不惜做出傷害品性的作爲。

如果只是因爲生氣而批評，開口前最好先想一想，這麼做對自己是不是眞的有好處，要知道在衆多被人厭惡的不良品性之中，道人是非長短始終榜上有名。

沒錯，許汜是逞了一時口舌之快，可能忍耐多年總算能一吐怨氣，但他又得到了什麼呢？劉備的言論在他耳裡聽來恐怕是另一種羞辱吧！

英國作家奧斯丁有一句話說得最好：「在你的心園裡種植忍耐吧！雖然它的根是苦的，但果實是甜的。」

回想一下壁虎和蜜蜂的做法，壁虎自傷但保全了性命；蜜蜂傷人但失去了自己，該怎麼做相信大家的心裡已自有看法。

防患未然勝過力挽狂瀾

凡事應該防患於未然，在事情還沒發生或是才剛剛萌芽的階段就加以預防，就不必等到災禍發生時再花費更多的人力物力來挽回頹勢。

不知道大家有沒有發現，我們很容易喜歡爲我們帶來好消息的人，卻很討厭老是帶來壞消息的傢伙；前者我們稱之爲「報佳音的喜鵲」，而後者則被叫做「唱衰的烏鴉」。人有一種通性，叫做「遷怒」，而且我們特別容易把怒氣發洩在帶來壞消息的「信差」身上。

有人做過一份研究指出，有些氣象主播因爲豪雨狂風連綿壞天氣的新聞不斷，竟成爲觀眾怨恨遷怒的對象，有位主播還因此被一位老太太攔住他的車，對他大聲咆哮，要他「負責任」。古代也有回京報告戰事失利的信差因此被砍頭的記錄，比起那些千里奏捷的信差，待遇眞是天差地別。

我們不喜歡別人澆冷水，儘管是「良心的建議」，往往也因爲過於刺耳而很難聽得進去，所謂「忠言逆耳」就是這個道理。不過，我們如果因爲討厭這些聲音而不去傾聽，甚至完全置之不理，等到事情眞的發生，恐怕就連焦急也沒有用，非得花費更多心神與氣力不可。

漢宣帝時代就有過這麼一個故事。

據說漢宣帝在位時，有個叫徐福的人幾次上書，提醒宣帝應抑制大司馬兼大將軍霍光的權力過度擴張，以防他的家人謀反。但宣帝當時並未採納，霍光死後，他的家人果然謀反，幸虧有人密告，才未釀成大亂。

事後，宣帝對告發之人大加賞賜，而早就勸告他的徐福卻沒有得到一點好處。有位大臣覺得不公平，特地以「曲突徙薪」的典故向宣帝上書。

這位大臣在疏表裡是這麼說的。

有個人到朋友家作客，見主人家的煙囪是直的，灶邊又堆了不少柴薪，覺得這樣很危險，便向主人建議說：「你這煙囪要改砌成彎曲的，柴薪要搬到遠處去，不然容易發生火災啊！」

主人聽了頗不以為然，非但沒有理會，反而還暗怪那人詛咒他家會發生火災，不懷好心。沒想到，沒過多久，主人家果然失火，幸虧附近鄰居及時趕來把火撲滅，才沒有造成更大的損失。

事後，主人殺牛擺酒，酬謝前來救火的鄰居。他特地請那些被火燒得焦頭爛額的人坐在上位，其他的則按照出力大小安排座次，偏偏沒有請不久前建議他改砌煙囪、搬走柴薪的那位客人。

席間，有人對主人說：「如果當時你聽從那客人的話，把煙囪改砌成彎曲的，並把柴薪搬到遠處，那麼就不會失火，也就不必殺牛擺酒了。今天你論功請客，卻把你那客人忘了，這豈不是曲突徙薪亡恩澤，焦頭爛額為上客了嗎？」

主人聽了這番話，頓時省悟過來，馬上把那客人請來，並奉他為上賓。

漢宣帝看到這裡，心裡明白了這位大臣的意思而下令重賞徐福。

關於防患未然，中國歷代就有過不少名言名句提醒我們。像明代文人呂新吾在《呻吟語》裡說：「處天下事，前面就長出一分，此謂之豫。後面常餘出一分，此之謂之裕。如此則事無不濟，而心有餘樂。」

而另一名文人朱晦翁則說：「凡事須小心寅畏，仔細體察，思量到人所思量不到處，防備人所防備不到處，方得無事。」

本來凡事就應該防患於未然，防微杜漸，在事情還沒發生或是才剛剛萌芽的階段就加以預防，就不必等到災禍發生時再花費更多的人力物力來挽回頹勢。

故事中的主人若早日聽從朋友的建議，就不會發生火災，也不會增加了自己生命財產的危機。是以漢宣帝也從故事中得到啓示，而重賞了徐福，因爲如果他能事先接受徐福的勸告，而對霍氏家族有所警覺，做好防患準備，那麼霍氏家人也許就不會有謀反的機會了。

不願行動的人找不到成功的大門

世上沒有做不到的事，只是願不願意去做而已。想讓事情成功，方法手段千百種，但如果一種都不去做，那麼，想成功門都沒有。

你想成功嗎？你懂得把握機會嗎？

如果這兩個問題的答案都是「是」的話，那麼，你還需要再思考一個問題，那就是：「你認爲機會是會從天而降，還是要靠自己創造？」

從諸多成功者的心路歷程，我們可以體會出，「機會」或許很難讓人描述出它的形狀，但是，憑空等待的人永遠不可能得到。就好像抽獎活動，如果沒有寄出參加的摸彩券，不管抽獎的過程安排得如何公正，甚至人人有獎，中獎名單上還是絕對不會出現你的大名。

關於把握機會，宗教改革家馬丁路德說過這麼一句話：「等到美好的機會才做事的人，永遠不能做事。」

所以，除非你壓根不想得到獎品，否則這抽獎券，你終究還是得寄的。

宋真宗時，聊城（今屬山東）人李垂考中進士，先後擔任著作郎、館閣校理（彙編時事、校勘書籍等的官職）等官員。他曾寫下三卷《導河形勝書》，對治理舊河道提出了許多有益的建議。

李垂很有才學且為人正直，尤其對當時官場中奉承拍馬的庸俗作風非常反感，更討厭成為其中之一，因此根本得不到重用。

當時的宰相丁謂，就是用阿諛奉承的卑劣手法獲取宋真宗歡心，玩弄權術，排擠異己，獨攬朝政，許多想升官的人都不住地吹捧他。有人對李垂孤芳自賞，執意不走丁謂的門道相當不理解，便納悶地問他為何從未去拜謁過丁謂。

李垂說：「丁謂身為宰相，非但不公正處理事務，而且仗勢欺人，有負朝廷對他的重託和百姓對他的期望，這樣的人我為什麼要去拜謁他？」

這番直言不諱的話後來傳到了丁謂那裡，自然令丁謂非常惱火，於是藉故把李垂貶到外地去當官。

宋仁宗即位後，丁謂失勢，被貶到遙遠的地方去任職，李垂則被召回京都。一些關心他的朋友對他說：「朝廷裡有些大臣知道你才學過人，想推舉你當知制誥（為皇帝起草詔書等的官員）。不過，當今宰相還不認識你，你為何不藉機去拜見一下他呢？」

李垂冷靜地回答說：「如果我三十年前就去拜謁當時的宰相丁謂，可能早就當上翰林學士（皇帝最新近的顧問兼秘書官，可升任宰相）了。我現在雖然年紀大了，但見到有的大臣處事不公正，還是常常當面指責他。試問，我又怎麼能趨炎附勢，端看別人的眼色行事，藉以來換取他們的薦引和提攜呢？」

這番話不久又傳到了新任宰相耳裡，結果可想而知，李垂再次被排擠出京都，到外地去當州官。

你可以說李垂是個剛正不阿的人，也可以說他是個不知變通的人。除非他根本就無意於宦途，否則光知道批評，卻不想改變環境，非但無緣晉升，最後就只有被迫離開權力中樞一途了。

當然，李垂最爲不齒的就是以阿諛奉承的手法獲得權勢的人，因此他也時常鞭策自己不可參與其中，所以他一向對丁謂的行徑頗不以爲然，也就不肯因貪食他人的殘杯冷炙而卑躬曲膝，如何也不肯爲五斗米折腰。

這是他的個性，但也因爲他的個性，處事一點也不圓融，最後言語不免得罪他人而遭受排擠，所以官運始終都不甚順遂，是可想而知的。

蘇格拉底有句名言：「最有希望的成功者，倒不是有多大才幹的人，卻是最能善用每一時機去發掘開拓的人。」

世上沒有做不到的事，只是願不願意去做而已。如果有心想讓事情成功，方法手段就會千百種，但如果一種都不去做，那麼，想成功門都沒有。

所以，如果你想獲得成功，或者還有一個問題是你需要先回答的，那就是：「你眞正想要的成功，到底是什麼？」回答了這個問題，也確認了心底眞正的答案，你才能眞正心無旁騖去奪得那個成功的機會。

掌握敵人心理，便能借力使力

每一次經歷，都是一種學習，我們可以從別人的成功與失敗之中，去歸納演繹我們腦袋裡的人生藍圖，去規避錯誤，去尋找捷徑。

古人說：「前事不忘，後事之師。」意思就是說，把前人和自己的經驗記在心裡，下一次就別再犯同樣的錯誤了。

心理學上強調的經驗法則，其目的也在於此，參考別人的經驗，就像是站在巨人的肩膀上，總是比站在地面上能看得更高、看得更遠。

當你心想成功的時候，必須有耐心、要小心，搜尋過往和他人的經驗地圖，然後滿載著希望前行。

沿途或許會有暗礁、漩渦，但只要你的準備充分、能靈活應變，必定能夠化險爲夷，順利抵達目標的港灣。

漢高祖劉邦為了鞏固政權，建立漢朝之後，首先廢除了秦朝種種苛刻的政治制度，安定老百姓的生活。

劉邦為了防止重蹈秦朝時君王受到威脅卻無力可助的缺憾，決定採取分封諸侯的制度，鞏固權力中心。之後又大舉消滅異姓諸侯，防止外人篡位，然而他萬萬沒有預料到，光是劉氏宗親諸王，也同樣對王位產生覬覦之心。

漢室傳到第四代漢景帝時，這些雄霸一方的劉姓諸王的勢力已經漸漸強大，進而威脅到皇室本身。

他們憑藉自己的實力，屢次與皇室抗衡，對皇帝的命令假意應付或根本不予理會，甚至還有人暗中密謀要奪取皇位。

御史大夫晁錯發現了這樣的現象，趕緊上奏景帝，要他儘快採取措施削弱諸侯王的勢力，逐漸收回封地，方能鞏固漢朝的中央政權。

那些諸侯王本來就想篡奪皇位，如今一聽皇帝要採取晁錯的措施，便立即互相勾結，其中有七個諸侯王聯合，藉口要「誅晁錯，清君側」，發動了武裝叛亂，史稱「七國之亂」。

幸虧漢景帝及時調動軍隊，才平息了這次叛亂。可是，事後漢景帝並未能記取教訓，又分封屬地給自己十三個兒子為諸侯王。

等到景帝的兒子漢武帝即位後，這些諸侯王的勢力又再度強大起來。鑑於七王叛亂的歷史教訓，武帝決定削除這些諸侯王的勢力。

諸侯王得到了消息，非常緊張，急忙去懇求武帝說：「皇上，我們與您是至親骨肉啊！先王分封給我們的大片土地，像狗的牙齒那樣上下交錯，彼此嵌入，就是為了我們可以彼此支援，互相牽制，讓我們劉家的江山堅如磐石啊！你要收回我們的封地，那不是有負於先王的意願嗎？」

漢武帝聽了，一時無言可駁，當下先安撫了他們，但是他心裡很明白，晁錯當時的見解是正確的，如果再放任諸侯橫行下去，絕非國家之福。

不過，有了景帝時的前車之鑑，他決定採用手段計謀大行「推恩眾建」，下令諸侯王死後要把封地分賜給自己的子弟。

這樣一來，原來的大諸侯國漸漸分成了許多小諸侯國，無形中削弱了割據勢力，也鞏固了中央集權。

美國發明家愛迪生說：「如果你希望成功，當以恆心為良友，以經驗為參謀，以小心為弟兄，以希望為哨兵。」

漢武帝能削弱各地諸侯的割據勢力，在於他掌握了諸王的心裡，並記取前人的教訓，改用分化的方法慢慢削弱諸侯的力量，成功地達到自己的目的。

卡內基曾在自己的書中引用《智慧的錦囊》裡的一句話：「成功者與失敗者之間的區別，常在於成功者能由錯誤中獲益，並以不同的方式再嘗試。」

這句話的意思很清楚，那就是，想要成功，就要懂得在每一個錯誤裡面學到造成錯誤的關鍵，然後予以克服。

可是，人生不過短短數十年，走過的地方，親身體驗過的事物，就算是生活再精彩的人也不可能遍歷世界上的所有事物。所幸，現今資訊流通發達，我們輕易地就能得知世界上的某個角落裡正發生著什麼樣的事情；藉由這些資訊的獲得，我們就好像自己也身歷其中一般。

每一次經歷，都是一種學習，我們將知道許多以前我們所未知的事情，我們更可以從別人的成功與失敗之中，去歸納演繹我們腦袋裡的人生藍圖，去規避錯誤，去尋找成功的捷徑。

面對批評，要保持冷靜

看淡那些批評的聲音，如果在意那些尖酸刻薄的言論，不就是等於告訴別人可以用這樣的話來傷害我嗎？這樣實在太不智了。

這個世界上很多動物都有嘴巴，可是就只有人類會說話，也只有人類會互相批評；大概也是這個因素吧，只有人類的社會，紛爭擾攘永遠不止歇。

有人說：「一句話，可以改變世界。」既然語言的威力如此強大，我們開口之前怎麼能不小心謹慎呢？

所謂「樹大招風」，嶄露鋒芒的人、站在高處的人，或許是因爲他們的存在太不容易被忽視了，所以他們所遭受到的批評與誹謗也特別多。

有時候，批評和誹謗當面迎頭撲打過來，既難堪又無奈，越是辯解越是解釋不清，讓人氣得要暴跳如雷卻無計可施，就好像伏爾泰寫過的一句話：「死者不在乎誹謗中傷，活人卻會因它而怒極身亡。」

可是氣歸氣，難過歸難過，假使解釋、爭吵都沒有用，到底該怎麼辦呢？

戰國時代楚國著名的文學家宋玉，有他的一番看法。

宋玉是戰國時楚國著名的文學家，在楚襄王手下當官，相當得到楚襄王信任。

有一次，楚襄王忍不住問他：「先生最近是否有什麼行為失檢的地方嗎？不然為什麼我常常聽見有人對你有許多不好的議論呢？」

宋玉若無其事地說：「也許是如此吧，請君上聽我說個故事，以您的聖明一定能夠明白當中的道理。」

宋玉的故事是這麼說的。

有位遠地的客人來到郢都（楚國國都，在今湖北江陵西北）唱歌。他開始唱的，是非常通俗的《下里》和《巴人》，城裡跟著他唱的有好幾千人。接著，他唱起了還算通俗的《陽河》和《薤露》，城裡跟他唱的要比開始時少了許多，但還有好幾百人。後來，他唱格調比較高雅的《陽春》和《白雪》，城裡跟他唱的只有幾十個人了。

最後，他唱出格調高雅的商音、羽音，又雜以流利的徵音（商、羽、徵各為中國古時五音之一），城裡跟著唱的人更少，只剩下幾個人了。

說到這裡，宋玉意有所指地對楚襄王說：「由此可見，唱的曲子格調越是高雅，能跟著唱的人也就越少。」

宋玉進一步闡明旨意，打比方說：「鳳凰能在九霄雲外展翅翱翔，只在籬笆間跳躍的小鳥怎能與牠一起計量天地的高低？鯤魚早上從崑崙山出發，晚上在大澤過夜，在淺水裡游的小魚怎能與牠一起計量江海的深廣？不但鳥中有鳳凰，魚中有鯤魚，人中也有像牠們一樣的人物。聖人有奇偉的思想和表現，所以超出常人，一般人又怎能理解我的所作所為呢？」

宋玉意指自己有高超的品格，無須理會那些不瞭解自己的人。楚王聽了，這才明白，不再介懷批評宋玉的言論。

曲調唱得愈高雅，能跟著唱和的人自然也跟著少了。從故事中宋玉的答話，我們可以看出一個具有高潔品格的知識分子，是如何不為俗世所知所容，因此，經常會有嫉妒或非難的言論加以攻擊。

其實，那些人根本不明白鳳凰與鯤魚的能力與作為，就如同千里馬，縱能日行千里，若未遇上伯樂，仍然埋沒於糟粕之中。

宋玉想暗示楚襄王的是，領導者要秉持自己的識人之明，莫要因為他人的挑撥言辭，錯失了可堪用的良才。

在這個社會上生存，遭人批評是在所難免的，宋玉深明這個道理，自然也就能看淡那些批評的聲音，如果在意那些尖酸刻薄的言論，不就是等於告訴別人可以用這樣的話來傷害我嗎？這樣實在太不智了。

幽默大師馬克．吐溫享有世界知名的名氣，自然也不免會遭受到別人的批評，但他卻以為：「遭到了誹謗還大事張揚，那是不聰明的，除非張揚起來能得到什麼很大的好處，否則誹謗很少能經得住沉默的磨損的。」

當我們聽到別人對我們的批評時，第一件事不應是生氣，而是該先在心裡盤算一下對方所說是不是事實。

如果是惡意謗毀，那麼大可不必理會，反正清者自清，久而久之謊言自然會露出破綻。但如果對方所說是眞有其事的中肯批評，那麼就算不向對方表示感激，也應該在第一時間將錯誤改進，不是嗎？

希臘哲學家畢達哥拉斯說：「憤怒以愚蠢開始，以後悔告終。」

冷靜和忍耐，是一種高級的自我控制，只要能做到這兩點，我們就不容易因爲受激衝動而後悔。

運用別人的長處來彌補自己的不足

善用眾人的力量，運用別人的長處來彌補自己的不足，從多個面向思考，將問題防範得滴水不漏，事情成功的機會自然大多了。

知名的文學作家海明威說過一句名言：「人不能孤獨地活著。」

古希臘哲人德謨克利特也曾引用過這樣的句子：「只有團結一致，才能把偉大的事業和戰爭引導到好結果，否則就不能。」

類似這樣的話語，在在說明了團結的重要性。

人和人如果不能團結在一起，就無法成就事業。

一個成功者的背後，必定曾有許多人共同付出心力，換句話說，想要成功，我們難免要借人之力，乘人之勢。

想要得到別人的幫助不難，難的是要開放自己的心胸去接納別人的意見。忠言逆耳、良藥苦口，如果自己先入爲主的觀念太深，又聽不見別人的建議，恐怕就算是如臨深淵也難以懸崖勒馬吧！

詩人愛默生曾在著作中這麼說：「你信任人，人才對你忠實。以偉大的風度待人，人才表現出偉大的風度。」

項羽就是個性過於猜疑，不能充分信任自己的手下，爲人處事又過於剛愎，以至於最後衆叛親離，平白將眼看到手的江山送給了劉邦。

西漢文學家揚雄曾經就楚漢相爭一事，寫下中肯的評論。

原本，項羽兵多將廣，又成功逼迫秦二世胡亥退位，照理說應有天子之相，但為什麼到了最後卻是平民起兵的劉邦得到天下呢？

據說，項羽在楚漢戰爭之中吃了敗仗，最後被劉邦的軍隊重重包圍起來，雖然憑著一股氣勢殺出重圍，但是逃到烏江邊時，身邊只剩下二十八名騎兵而已，後頭緊追而來的漢軍卻有千軍萬馬。

項羽自認已經走到窮途末路，於是仰天狂嘯：「這是老天爺要亡我！」而後便拔出寶劍在烏江畔刎頸自盡。

揚雄在《法言》一書中卻認為，項羽之所以敗亡，其實並非天命所為，而是緣由於他自己剛愎自用的性格。

揚雄評論說：「漢王劉邦經常廣納建言，大家所提出來的計策又增強了眾人的力量，然而項羽卻總是固執己見，並不接納別人的建議，單靠自己的勇猛行事。凡是善於採納別人的計策就能勝利，只靠自己勇猛之力的就會失敗，這是必然的結局，又和天命有什麼關係？」

楚漢相爭，劉邦為何成功？項羽為何失敗？

其實成事在人，非關天命。

揚雄以為，團結才是力量，劉邦的兵將能夠上下一心，眾志成城，加上劉邦對於下臣的謀略建議，總是廣納建言，從善如流；反觀項羽則霸氣十足，固執己見，可惜勇猛有餘、智謀不足，最後出現了疏漏，便給了他人可趁之機，也就失去了即將到手的江山。

有一句話：「單調難成曲，群柱可擎天。」

參與的人多、意見多，代表著每個人的意見想法都是由不同的角度出發，觀察到的也是不同的面向。

如果能夠以寬闊的胸懷，將多方的意見加以彙整，找出一個最佳的解決方案，事情處理就能更加圓融周延。只要周全思考、冷靜處置，事情就不致於會陷入泥淖之中，感覺欲振乏力。

記得曾經看過一部卡通電影，劇中主角是一隻螞蟻，當蟻群陷入了慘遭水淹的危機時，在主角的指揮之下，一隻隻的小螞蟻疊成一座高高的塔，最後成功抵達上方洞口的那隻螞蟻再一隻隻將仍在洞內的螞蟻拉起，所有的螞蟻都得救了。

螞蟻的身軀何其渺小，就算一隻螞蟻可以舉起超過自身體重十數倍的重物，也救不了全部的螞蟻。

可是，一隻螞蟻至少拉得起一隻螞蟻吧，兩隻螞蟻總能再拉起另外兩隻螞蟻吧，一隻拉著一隻，雖然每個個體只貢獻了自己的一點點力量，但最後卻結合成了一股巨大的能量，拯救了整個螞蟻王國。

善用眾人的力量，運用別人的長處來彌補自己的不足，彼此站在一起，牽手相靠，從多個面向思考，將問題防範得滴水不漏，事情成功的機會自然大多了。所謂眾志成城，群策群力說的就是如此的道理。

安排適當的人在適當的職位

了解每一個員工真正的能力以及專業領域，而後交辦適當的任務，給予他們相當的磨練。逐步訓練培養，員工便能發揮自己的實力。

有一句話說：「工欲善其事，必先利其器。」意思就是說，想要順利完成一件事，首先要準備好適當的工具。

其實，在職場管理上也是如此，一個好主管要懂得知才善任，能夠把適當的人才安排在適當的位置，他們便能夠適切地發揮他們的才幹，讓工作有效率地進行。

相反的，如果沒有依照能力興趣給予適當的安排，那麼不只工作沒有效率，還會惹來許多無謂的抱怨，突增困擾也就算了，人才再好也留他不住。

除此之外，身爲主管的人還需要儘量避免的一點，就是職場中最常見的「走後門」文化。雖然說「內舉不避親，外舉不避仇」，但是難免會讓人有「利益掛勾」的聯想，至於因爲主管職權被安插進來的特權分子，恐怕也會被人另眼相待，無形中與他人之間多了層隔閡。

至少，別人先看到的，會是他的特權身分，而非他的能力。

據說春秋時期，鄭國的大夫子皮打算讓自己家的小臣尹何擔任自己封地上的主管。但是，當時尹何並沒有管理過如此大地域的經驗和能力，因此有許多人覺得他無法勝任，紛紛表示反對。

於是，子皮特地前來徵求宰相子產的意見。

負責輔佐鄭國政事的子產很清楚子皮的來意，但是他還是坦言說：「尹何年紀尚輕，恐怕不妥吧？」

子皮立刻表示不以為然，說道：「尹何行事謹慎、待人敦厚，我很喜歡他，相信他也不會背叛我。他雖然缺乏行政經驗，但可以讓他學呀，學的時間久了，他自然懂得治理的道理了。」

子產反對說：「那可不行，舉凡一個人愛護另一個人時，總希望事事對被愛護的人有利。現在你愛護這個人，卻不管他是否勝任就把這麼重要的事交給他，這好比你讓一個不會使用刀的人去宰割東西，做得不好，那反倒是會為他帶來很大損害的。那麼，今後又有誰敢再來要求你保護呢？」

接著，子產更誠懇地說道：「您是鄭國的棟樑，要是屋樑斷裂了，我們這些住在屋子裡的人，豈不是也跟著要遭殃嗎？再舉一個例子說吧，如果您有一匹精緻美麗的錦緞，您絕不會把它交給一個不會裁衣的人去學著裁製衣服，因為您害怕會把這匹錦緞給糟蹋了。」

說到這裡，子產再把話引回正題上來，對子皮說：「大官大邑是用來維護百姓利益的，這比那匹精緻美麗的錦緞重要得多了。您連錦緞都捨不得給不會裁衣的人去裁製衣服，卻為什麼肯把大官大邑交給毫無經驗的人去擔任和管理呢？您這樣的做法，豈不是把錦緞看得比大官大邑還要重了嗎？我從來沒有聽說過，可以藉著做官的機會來學做官的。」

子產見子皮連連點頭，又更深入地說：「再拿打獵來做例子吧，有個人連馬車也不會駕、弓箭都不會射，他怎麼可能打得到野獸呢？恐怕野獸沒有打著，自己卻先要翻車呢！管理國家大事也是如此，總要事先學會再去從政，而不能先當起政來再想去學。若是硬要本末倒置，必定會造成國家重大損失。」

子皮聽了子產的這席話，連連贊同說：「您說得對極了，我太不聰明了。衣服是穿在我自己身上的，所以我知道要慎重地選擇人來裁製。大官大邑關係到百姓的利益，我卻如此輕視，真是太鼠目寸光了！」

後來，子皮就打消了讓尹何管理大領地的念頭。

尹何或許也是一個有才幹的人，但是如果他的升遷是來自於子皮的破格拔擢，卻又沒有辦法立刻表現出讓其他大臣認可的實力，那麼他就算眞的得到那份工作，也只是一時的僥倖。在這種狀況下，一旦遇上了難題，想必也很難得到其他同僚的支援，因爲大家就等著看他的笑話。

如果子皮眞的重視尹何的才幹，那麼就應該先安排一個適當的職位，讓他好好去發揮，做出成績來以後，別人自然就不會再小覷他的能力，也會認可他有能力擔當重任。這才是真正栽培一個好人才的方法。

子產就是顧念到這個問題，才真心地向子皮提出建議。養兵千日，用在一時，既然已經是國家需要用人的時機，哪裡還有時間等人慢慢來學呢？沒有給予適當的指導，就要求士兵上戰場打仗，這豈不是謀殺嗎？況且，國家的資源又豈能讓沒有能力的人一再地浪費呢？

企業經營管理也一樣，彼得·杜拉克說：「管理者的任務，在於運用每一個人的才幹，以一當十，以十當百，發揮相乘的效果。」

管理者想要達成這樣的任務，首先就要去了解每一個員工真正的能力以及專業領域，而後交辦適當的任務，給予他們相當的磨練。在工作之中逐步訓練培養，員工便能發揮自己的實力，共創企業的產能，彼此共同進步、共同發展，如此才是真正的管理之道。

04

掌握時機，就能投機

審慎評估投資物的種種要素本質，掩飾改造缺點、突顯強調優點，當市場需求的時機來到，就是獲利的時刻。

想要致富，先創造商品的價值

想要積極致富，就不能不重視商業的基本原則。把握了原則，加入自己的創意，成功其實也不見得是件難事。

最近很多人在電視上教導大家什麼是正確的理財觀念。比方說，買賣股票，不要只看一天的漲跌，不要一聽到什麼風吹草動就嚇得全數拋出，因爲這樣一來，投資人在心理交相作用之下，會導致股市眞的變得一片綠油油，痛哭哀嚎也不會有人理會。因爲買的人是你，賣的人也是你，不是嗎？

此外，許多理財專家最常講的一個致勝的理論就是，在別人爭相出場的時候，就是你等著進場的良機。

「人棄我取，人取我與」，是千古不變的理財良方。

戰國初，魏文侯任用李悝為相國，厲行改革，加強統治，實行了保護農民利益和發展農業的「平糴法」。

所謂的「平糴法」，就是國家在豐收時用平價買進糧食，到荒年時以平價賣出，使糧價保持穩定狀態。這樣一來，就促進了封建政治和經濟的發展，使魏國成為戰國初期的強國之一。

李悝的經濟改革，也使得一個名叫白圭的商人受到啟發。

經過反覆思考，他想出了一種適應時節變化的經商致富辦法，這就是「人棄我取，人取我與」。

這個辦法說起來很簡單，那就是別人不要的我保留下來，別人要的我就給予，善用供需原則。

按照這個辦法，在豐收季節農民收成的糧食很多，大家都不要，價錢也就便宜下來，他就大量買下米糧。這時，糧價很低，相對的，蠶絲、漆料等因還不到收絲或割漆的季節，市場上數量極少、價錢自然很高，他則趕緊把這些貨物賣出去。

到了收絲時節，蠶絲大量上市，價錢賤下來，而糧價卻高了起來。這時，他就收進蠶絲，賣出米糧。

就在這買進賣出之間，白圭終於牟利致富。

商人必須要有銳利的經商眼光，能在事物未經雕琢之前，就看出其潛在的商機，當他人盲目跟進時即抽身而退，如此才能得到其中最大獲利。

白圭就是一位深明此道的商人，他將眼前大量生產的貨物低價購買囤積，等到物品短缺時再高價售出，從中獲取高額的差價，這就是「人棄我取」的道理。

愛默生在《論財富》一文中，提到一項致富的方法：「商業的技巧就在於把一個東西從它富饒的產地帶到能夠高價賣出的地方去。」

至於世界知名的成功實業家松下幸之助則認爲：「事業成功的首要條件，不在事業家的價值判斷，而是顧客的價值判斷。顧客認為有價值，才是決定性的因素。」

創造產品的主觀價值，是商業之所以能成功的主因之一。就如同松下所言，消費者覺得物超所值，自然就樂意購買，所以從商人如何去評斷預估消費者的心理，對於能否推出有市場的產品有絕對性的影響力。

想要積極致富，就不能不重視這些商業的基本原則。把握了原則，加入自己的創意，成功其實也不見得是件難事。

只是，在我們積極致富的過程中，別忘了，不要讓「貪」字爬到我們頭上，不然的話就變成了人人唾罵的奸商，破壞了貨物市場中正常的供需原則，最後自己也不可能逃離經濟崩潰的風暴。

如果有人惡意囤積貨物，哄抬售價，不僅破壞了供需平衡，許多人將因此蒙受損失，反而使得人心產生不安，害怕投資。經濟市場中若完全沒有人投入，沒有人需求，供應再多也沒有人要，那麼誰也得不了什麼好處，不是嗎？

把謊言當工具，小心傷人傷己

謊言或許能為我們帶來短暫的利益，但長久來說總是弊多於利的。謊言或許也是一項工具，但是不能不小心戒慎，否則難免傷人傷己。

曾經有個新聞鬧得沸沸揚揚，一位以氣質聞名的知名女星，突然被媒體爆料指稱她的高學歷是假造的，惹得各家媒體爭相追逐詢問。一方堅持消息來源屬實，一方怒斥媒體說謊，還得出示畢業證書以證清白，一時間，每個人的興趣都被挑起來了，等著看看到底是誰在說謊。

有句話是這麼說的：「說一個謊言，就得再說上一百個謊來遮掩。」可見得說了謊，就得再花上百倍精神來圓謊，是相當累人的。而且，相信大家都心知肚明，無論是什麼樣的秘密，無論怎麼樣百般遮掩，只要有人想知道，什麼秘密都藏不了，什麼樣的謊言也都掩飾不了。

傻子是騙不了人的，只有聰明的人才會說謊，自己以爲比別人懂得算計，善用口舌想把別人耍得團團轉，可是聰明總被聰明誤，當謊言被人戳破的時候，就算是再聰明的人又該如何自處呢？

秦朝末年，有人合作撒下了一個漫天大謊，撒謊的人還以爲自己計劃得相當周密，可以神不知鬼不覺。

可是，他們的謊言早就被人發現了，沒想到他們非但不知悔改，還企圖想把知道秘密的人全數殺光。

無數原本敢怒不敢言的人們，最後力量集結起來，秘密不再是秘密，而說謊的人當然也沒有什麼好下場。

據說，秦始皇晚年時不顧自己的身體不適，堅持到會稽視察，於是下令丞相李斯、中車府令趙高隨行，身邊只帶了自己特別偏愛的小兒子胡亥一同出遊，其他的兒子都沒有隨行。

這年七月，秦始皇才走到沙丘鎮就生了重病，臨終前特別把趙高叫到了跟前，命他即刻寫一封信給領兵駐紮邊境的大兒子扶蘇，要他立刻趕回都城咸陽主事。

趙高才剛剛把詔書寫好，秦始皇就斷了氣。

趙高雖然受秦始皇重用，但是和太子扶蘇的關係卻不好，心想如果由太子即位，日後必定對自己不利，加上胡亥早有意取而代之，所以趙高便趁自己責掌管玉璽之便，私下和胡亥合謀，偽造一道假遺詔，寫明秦始皇冊立胡亥為太子，任命胡亥繼任王位。

丞相李斯知道了這件事，起先大力反對，力陳二人不是，但後來在趙高的威脅利誘下，也只好同意不再聲張。

接著，趙高為了以絕後患，又偽造另一道詔書，指責扶蘇不孝，賜給他一把劍，逼他自殺，並派人奪取與扶蘇一同鎮守邊境的大將蒙恬的兵權，也逼他自殺。

經過一番陰謀活動，胡亥終於當上了皇帝，史稱秦二世。趙高也因此當上了郎中令，從此，朝政大權便全落到了趙高手裡。

秦二世害怕別人識破他與趙高的陰謀，使得皇位坐不穩，便要趙高想辦法解決。

奸詐陰險的趙高獻策說說：「皇上必須採用嚴刑酷法，把那些老臣全部除掉，用新人來代替他們。」

秦二世聽了，便下令處死了蒙毅等一批老臣，又把可能威脅自己皇位的十二位公子全部斬首，十個公主也全部用酷刑處死。因受到牽連而被殺害的人更是不計其數，弄得全國上上下下人人自危，朝廷中一片混亂。

秦二世和趙高不但用這種殘酷的手段屠戮親族和大臣，對老百姓更是兇狠殘暴，使得廣大百姓的生活痛苦不堪，忍無可忍，終於激起了人民的反抗。不久，陳勝、吳廣揭竿而起，在大澤鄉起義，三年後，秦王朝便被起聯合義軍滅亡。

「路加福音」裡寫著一句警語：「所有的秘密終究將公諸於世，沒有任何事能夠永遠隱藏，不被人知道。」

自以爲聰明的趙高與胡亥下場又如何呢？退位、軟禁、處死，用謊言、暴力和鮮血堆積起來的權力，轉眼前化爲灰飛煙滅，什麼也不留。

黎巴嫩詩人紀伯倫形容得相當貼切，他說：「欺騙有時成功，但它往往自殺。」

當你說了第一個謊言，你就等於在往自殺的路上走去，如果不能迷途知返，及時回頭，最後終將被自己的謊言所傷。

沒有人是全能的，也沒有人是永遠無知的，謊言或許能爲我們帶來短暫的利益，但長久來說總是弊多於利的。

林肯就曾經在演說中提過這麼一句話：「你能在所有的時候欺騙某些人，也能在某些時候欺騙所有人，但你不能在所有的時候欺騙所有的人。」

謊言或許也是達成目的一項工具，但是使用起來就不能不小心戒愼，否則難免傷人傷己。

懂得靈活變通就能出奇制勝

想要在人生戰場上攻無不克、橫掃千軍，或許方法有很多種，但原則終究只有一個，就是不輕估敵人，充足準備且懂得靈活權變。

這是一個相互競爭的世界，人與人之間無事不競爭，唸書要競爭、做生意要競爭、選舉要競爭……想要成爲永遠的贏家，就要有靈活的頭腦懂得隨機應變，由人設想不到之處出手，才能出奇制勝，奪得先機。

每一個競爭對手在正式對戰之前都會先沙盤推演，預想對方可能會使用什麼樣的戰術，然後反其道而行，以期能攻其不備。

成功的方法千百種，沒有人能說什麼樣的方法一定有用，而什麼樣的方法一定沒用，總之得試過了才知道。

在楚漢戰爭中，有一次漢軍大將韓信奉命率領數十萬人馬，前去攻打依附項羽的趙國。

當時，趙王和主將陳餘得知漢軍來攻，遂在井陘口聚集了二十萬大軍抵禦，非但兵力遠遠超過漢軍，而且占了井陘口的地利之便，一副老神在在的模樣，根本不把漢軍放在眼裡。

趙軍部將李左車曾向陳餘獻計說，井陘這條路地理位置很狹窄，兩輛戰車不能並行，騎兵不能排成行列，行進的隊伍必定拉得很長。李左車請求陳餘撥給他三萬人馬，等敵軍開入井陘口之後，就突襲攔截敵軍的糧草，同時截斷他們的後路，到時候不用十天，定可將韓信等的人頭獻上。

但陳餘始終認為只要守在路口以逸待勞即可，沒有必要如此大費周章，因而沒有同意李左車的計策。

就這樣，韓信不但沒有遭到襲擊，反而得以在出井陘口前，先派兩千輕騎兵從隱蔽小道上山，由那裡觀察趙軍，伺機準備行動。

韓信又派出一萬人為先鋒部隊，命他們出了井陘口，背靠河水，擺開戰鬥列隊陣式。趙軍遠遠望見漢軍把自己的退路封死了的陣式，不禁大笑不止，認為韓信這傢伙簡直不懂兵法，竟然連犯了兵家的大忌也未知。

天剛亮，韓信舉起旌旗和儀仗下令由井陘口出擊，而趙軍也立即打開營壘向漢軍猛烈的還擊。雙方激戰了一會兒，韓信假裝拋旗棄鼓，逃回河邊的陣營。

韓信設下拔旗易幟的戰略，加上背水一戰兵士皆奮勇殺敵，最後大勝趙軍。

後來有人便質疑他為何要佈下如此兵家大忌的陣法，幸好結果出奇制勝，否則不就兵敗如山倒了嗎？

他笑著回答說：「若是將士面水佈陣，後有退路，我們兵力比不過對方，容易心生膽怯，一有想逃走的念頭，陣式就大亂了。反之，將士背水佈陣，前有強兵，後無退路，大家為了求取生存，必定會拼盡全力，置之死地而後生，這樣才有獲勝的機會。」

韓信能夠不拘泥於兵法，而善用周邊環境加以運用得當，所以能為漢朝立下無數功勞，戰功彪炳。

韓信之所以用兵如神，幾乎戰無不克，要訣就在於他能將兵法靈活運用，配合天時地利人和，便能率先奪得優勢。理論原則當然很重要，但是若過於拘泥，不知變通，是很難發揮其百分之百的效用的。

兵法兵書也是人寫的，當然不可能面面考慮周全。所謂「盡信書不如無書」的說法，就是這個道理，如果只是死記硬背而不懂得融會貫通，其實對方只要識破了你的戰術，就能夠徹徹底底地吃定了你。

就好像學圍棋的時候，參考前人所遺留下來的定石良方，必定可以學習到很多很好、很玄妙的步法，但是，這些定石步法別人難道就沒學過嗎？

如果只是呆呆地照著書上走，當對手在你的致命之處提前落了子，那豈不時全盤被打亂，一步也動彈不得了嗎？

韓信當然明白兵書上所寫的最好戰策是什麼，也知道地勢對自己不利，但是他卻能善用觀察，慢慢地一步一步將周邊的種種逆境轉換成可行的順境，不只誘敵深入，還藉此激發了兵將的士氣，最後果然反將了陳餘一軍。

反觀陳餘，自恃自己經驗老到，又認爲佔了地利之便，這一仗肯定贏得容易，結果疏忽了小處，反而讓自己的軍隊落入陷阱。

帶領法國軍隊橫掃歐洲大陸，幾乎攻無不克的一代英雄拿破崙說：「有一句確切不移的作戰格言，便是不要做你的敵人所願望的任何事——理由極簡單，就是因為敵人如此願望。」

想要在人生戰場上攻無不克、橫掃千軍，或許方法有很多種，但原則終究只有一個，就是不輕估敵人，充足準備且懂得靈活權變。有時候，爛招數在適當的時機裡，只要使得好，可能也會變成絕妙好計。

掌握時機，就能投機

審慎評估投資物的種種要素本質，掩飾改造缺點、突顯強調優點，當市場需求的時機來到，就是獲利的時刻。

有一句話是這麼說的：「才者璞也，識者工也。」

意思就是說，有才能的人原本或許如璞玉質樸未明，但是經過識貨的人加以雕琢之後，就可以展現出它的光芒。

的確，如果沒有能識得良駒的伯樂，千里馬也只能被莽漢用來拉車而已。倒不是說拉車不是件好差事，但是找錯了馬來拉，非但拉不動，能載的貨也多不，投資效益極低。沒有適才適用，自然就收不到最好的效果。

所以，聰明的商人不只要有靈敏的頭腦，更要有精明的眼光，才能看準時機低進高出，將滯銷的貨品改頭換面，重新包裝成炙手可熱的暢銷商品。所謂的「奇貨可居」，就是這個道理。

眼明手快地把某種珍貴的事物囤積起來，後等待高價之時痛快殺出，從中獲取暴利，歷史上將買賣做到極致的商人莫過於呂不韋了。

戰國末年，衛國的大商人呂不韋來到趙國的都城邯鄲做買賣時，偶然碰到被送到趙國做人質的秦國公子異人。當時，秦國勢力正在崛起之中，大有敵消我長的局面，但是異人在趙國並沒有受到良好的對待，呂不韋見狀，立刻主動向異人示好，百般逢迎，企圖換取他的信任。

呂不韋之所以如此，是因為他早已看出日後局勢的變化，秦國雖然地處西陲，但是卻不斷攻城掠地，日益強盛，幾乎足以與六國抗衡。呂不韋認為這是個大好商機，而異人更可能會是個稀有的「貨物」，不如趁機收買下來，有朝一日說不定就能換取空前的利益。

據說，呂不韋曾和父親討論投資報酬率：「農民種田，一年能得幾倍利益？」

呂父回答：「十倍。」

而呂不韋又問：「販賣珠寶，能得幾倍利益？」

呂父說：「百倍。」

呂不韋再問：「那要是擁立一名國君呢？」

呂父大叫：「那可就算也算不清了。」

而後呂不韋便把他想將秦國公子異人輔佐成秦國國君的計劃告訴父親，並且大笑說：「這可是樁奇貨可居的買賣啊！」

異人本來是秦昭王的孫子，也就是當時秦國太子安國君的兒子，因為不受寵愛而被送到趙國當人質，本來身分十分低微，幾乎沒有繼位的可能性。

但是，呂不韋透過調查得知，安國君的寵妃華陽夫人並沒有子嗣，於是千方百計地討好獻策，說服了華陽夫人收異人為子，改名為子楚，並要華陽夫人代為說情，好讓子楚能回到秦國。

有了華陽夫人幫腔，子楚順利回到秦國，後來更被立為太子，繼位為秦莊襄王。身為幕後功臣的呂不韋自然是最大贏家，不但官拜丞相，享有十萬戶的租稅俸祿，更是莊襄王事事請益的對象，無形中等於獨攬了秦國朝政。

呂不韋所收買下來的奇貨，經過他的規劃運作，終於換來了無法估量的名利。

富翁人人想當，就看你有沒有本事而已。

美國作家愛默生在《財富》一書之中就曾提過：「商業的技巧就在於把一個東西從它富饒的產地，帶到能夠高價賣出的地方。」

呂不韋是一名精明的大商人，他最爲擅長的就是逢低買進、逢高賣出的投機技巧；除此之外，他一向有高明的鑑賞眼光，能一眼看出原石中的璞玉，再予以加工琢磨，使它展現出高貴的價值，如此便可從中獲取極高的利潤，這也是他得以富甲一方的原因之一。

他一生中所做過的最大一筆買賣，便是結識了身爲人質而毫無地位的異人。他所看到的不是異人眼前困頓的模樣，而是看見了未來諸多遠景，於是他百般討好籠絡，取得了異人的信任，再加上他善於包裝的商人本色，果然成功地將異人推上君位成爲秦王，自己也得以官拜相國，攬握了朝政與權勢。

日本大企業家松下幸之助說：「事業成功的首要條件，不在事業家的價值判斷，而是顧客的價值判斷。顧客認為『有價值』，才是決定性的因素。」

在呂不韋的故事中，他就是充分地創造了讓顧客感到「有價值」的條件，他不惜投資改造異人，更不惜投資打通關節，才能將原本沒有任何競爭機會的異人推上帝王的寶座，而讓自己也坐收名利。

想要聚得財富並非難事，但相信大家也知道獲利越大，風險與代價也越高。所以，進行投資之前，不只要多做功課，掌握局勢變化與供需原則，更要審慎評估投資物的種種要素本質，掩飾改造缺點、突顯強調優點，當市場需求的時機來到，就是獲利的時刻。

既然要裝，就得裝到底

要假裝，那就得咬緊牙假裝到底，如果，你假裝不了，無法忽視自己的感覺，那麼最好的方法大概就是悄悄離開吧。

自從有了報章雜誌等媒體之後，就出現了一種新的產物，叫做「公衆人物」。這種產物擄獲了大衆的注意力，許多人透過媒體的塑造有了美好閃亮的形象，得到大衆的喜愛，更有人藉此從中牟利，諸如明星、偶像、政治人物等，比比皆是。

可惜，群衆這個東西就好比流水一樣，既能載舟也能覆舟，藉群衆魅力而崛起的人，說不定有一天會毀在群衆好奇之下。

記得有個明星曾經抱怨：「現在的八卦媒體眞是奇怪，還沒交往呢，就成天被追問到底有沒有在拍拖；結了婚呢，又成天追問什麼時候會離婚！」

唉！何必奇怪呢，人本來就對稀鬆平常的事沒什麼興趣，總是得有些什麼不一樣的才能引起大衆的興趣。

專營人類好奇心的八卦業者，自然是很明白這個道理，所以只要有「公衆人物」一天，「狗仔隊」就不可能失去蹤影。

有些公衆人物因爲受不了別人爲他所包裝的形象，在大紅特紅之後突然告訴大衆他想「做自己」了，不願再配合任何的假裝與作戲，卻又在發現自己完全被群衆遺棄時指責群衆沒有水準；或者因爲被「狗仔隊」揭露了「不爲人知」的一面，惱羞成怒地斥責公衆人物也應該保有自己私生活。這些行爲不是很可笑嗎？坦白說，市井小民的私生活是不會有人想知道的。

英國有句俗諺：「既想要討眾人歡喜，又要使自己歡喜，這是做不到的。」

身爲「公衆人物」應該有這層體悟才行。

因爲，既然你要利用大衆的喜好營利，那麼你就應該要負責維持大衆想要的形象，忍受大衆對你的好奇，這應該算是一種義務。

換句話說，要做假、製造假象的話，就要做到底，不要留了把柄等人揭穿。晉朝時代有個「欺世盜名」的例子，值得大家借鏡。

西晉時，有個讀書人名叫王衍，長得一表人才，舉止文雅，又精通老子和莊子的哲學，年輕時就在京城洛陽闖出了名氣。

當時晉武帝的丈人，也就是車騎將軍楊駿頗為欣慕王衍的才名，想把女兒嫁給他。但王衍卻明白回絕，表示不願攀附權貴，又擔心楊駿以權勢威逼，還假裝生了瘋病，滿口胡言，楊駿最後只好作罷。

據說，王衍相當自命清高，不只整天對別人空談一些精妙虛無的道理，絕口不提世俗閒事，更忌諱說一個「錢」字。

結婚之後，有一次，妻子故意等他入睡之後，把許多銅錢灑在床前。第二天，他一起床下地便踩到了銅錢，想不到竟然立刻大怒，皺著眉頭叫婢女把這個東西取走，說話中還真的是沒有提到半個「錢」字。

這件事不久便在洛陽城中傳為美談。

王衍種種清高的表現，果然換來了他官運亨通，步步高升，後來還得以升任尚書令，而他的女兒也被選進宮裡，成為湣懷太子的妃子。

晉懷帝司馬衷繼位之後極為昏庸，朝政由皇后賈南風專權。賈后很快就派人殺死楊駿，後來又捏造罪證，誣陷非她親生的湣懷太子謀反，將他廢為平民。

想不到，王衍害怕自己受到連累，於是趕緊向賈后上表，請求讓自己的女兒與湣懷太子離婚。王衍的這種做法，使得晉室大臣們終於看清了，其實他並非如先前表現得那樣清高。

王衍本身頗有文采，自出仕以來又以不慕權貴的舉止聞名。然而，這些竟都是他為求得清高雅士的美名而為的做作姿態，因為有了這些外在的名聲，得以幫助他的官運更為亨通，權勢更為高張。

不過，紙終究包不住火，他的偽裝形象終究也有被識破的一天，讓眾人發現原來他並非真正視名利為浮雲、視富貴為輕煙，而是一有風吹草動，就立刻撇清關係，以求明哲保身，前後舉止判若兩人。

王衍如此細心維護自己的名聲，到頭來卻也是被人看穿，由此可知，只要不是出自自己的眞心本意，只是虛僞假意，那麼終究是難以長久的。

其實，本來王衍明哲保身的舉動，只不過是正常反應，正如同俄國劇作家高爾基在作品《一場惡夢》裡所寫的：「現在人們追求的和從前人們追求的，難道有什麼不同？還不都是為了賺錢，只不過現在辦起事來，假話多了點罷了。」反正賺錢求名本來就是各憑本事。

莎士比亞說：「在命運的顛沛中，最容易看出一個人的氣節。」

王衍遭人詬病的是，他折損了大眾心中清高的形象，畢竟他是欺騙了世人才換來了功名利祿，先前的高風亮節變成了貪生怕死，這叫當時曾爲他說過好話的人情何以堪？好像被人當面打了一巴掌似的，王衍破壞的可不只是自己的名聲而已，當然大家都聯合起來臭罵他了。

美國總統傑弗遜曾經提醒我們說：「當一個人受到公眾信任時，他就應該把自己看作公眾的財產。」

要知道，人一向是以高標準看人、低標準看自己，既成了公衆人物，那麼自然得接受大衆高標準的檢驗。

如果，你要假裝，那就得咬緊牙假裝到底，否則就要有承受數百倍苛責的心理準備；如果，你真的再也假裝不了，無法忽視自己的感覺，那麼最好的方法，大概就是悄悄地離開吧。

這個世界有一個真理：有付出不一定會獲得，但想獲得你非得付出不可，儘管你並無法預期該付出的會是什麼。

全面佈局才能獲得勝利

事情想要成功，就不能冒冒失失、隨隨便便，唯有經過詳加觀察、仔細規劃、明確執行、堅持到底，才能順利收得成果。

記得有人這麼說過：「在大多數的情況下，你之所以沒有獲得某些東西，是因為你沒有去追求那些東西。」

換言之，只要你真的有心追求，沒有到不了手的東西。

既然有所求，就要有方法，更要有策略，同時還要有耐心，如蘇軾所言：「君子所取者，則必有所待；所就者大，則必有所忍。」

唯有全面縝密佈局，才能慢慢收網，疏而不漏。

歷史上諸葛亮七擒七放孟獲的故事，就是這個道理的最佳例證。

西元二二五年，蜀漢丞相諸葛亮為了解決後顧之憂，親自率領軍隊南征。當時，南方蠻族的首領孟獲，打了幾次敗仗仍不退卻，只要重新糾集了四散的族眾成軍便又來襲擊，因此一直是蜀漢軍極為頭疼的人物。

主帥諸葛亮幾度和孟獲交手之後，就發現了他的缺點。孟獲雖然勇敢善戰，但是戰略極差，兵法一竅不通。一次，蜀兵假意敗退，孟獲竟然不疑有他地追了上去，果然就遇上了埋伏，失敗就擒。

孟獲雖然被綑綁在地，卻滿懷英雄氣概地大吼：「死也要死得像條好漢，不可丟人現眼。」態勢從容，絕對不輕言低頭，心想大不了一死痛快。

豈料，當諸葛亮前來審問時，竟沒有下令殺他，反而親自為他鬆綁。

諸葛亮知道孟獲深得民心、待人寬厚，加上驍勇善戰的特長，因此決定勸服他歸降，為蜀漢效力。但是，面對諸葛亮的好言相勸，孟獲卻傲慢地拒絕了，說他寧做死臣也不為降將。

看到孟獲的態度如此堅決，諸葛亮也不加勉強，只是帶著他參觀自己的軍營一

巡之後，就放他回去了。

孟獲心想：「這個諸葛亮人人說他聰明，想不到他竟然蠢到帶我逛軍營，哼！這軍營裡都是些老弱殘兵，軍備部署也普普通通，以前不知道虛實，不小心被你們贏了一次，這次我可不會放過機會了。」

孟獲回到自己的陣地，立刻招來自己的手下，決定當夜帶領五百名刀斧手，悄悄摸進蜀營裡偷襲。他怎麼也沒想到，諸葛亮早就佈好埋伏，等他們一行如入無人之地般進了軍營中央，正暗自竊喜的同時，四周已被蜀兵重重包圍。

可是，再度被擒的孟獲竟又再度被放回。搞不清楚諸葛亮在想什麼的孟獲，這次不敢再魯莽行事，他佔了熟悉地利之便，帶領所有的人馬退到瀘水南岸按兵不動，只要蜀軍敢越過瀘水，一到河心就下令放箭攻擊。

當時天氣很悶熱，蜀軍又無船可渡河，眼看困難重重，難道要就此放棄嗎？諸葛亮思索了一番，下令士兵就地取材造了幾艘木筏，然後派一支小隊搭木筏渡河。孟獲一見木筏就下令放箭，但那些木筏一遇到攻擊就立刻掉頭回到對岸，等到孟獲收兵又再度向河心進發。

就這樣一再重複渡河、掉頭的動作，無形中牽制了孟獲的兵力。暗地裡，諸葛亮將大軍一分為二，分別繞道到上游和下游河面較為狹窄的地方，然後快速渡河，反而從後方兩面包抄，將孟獲駐守的土城包圍，三度生擒孟獲。

其實，不只孟獲不了解諸葛亮的用意，就連蜀軍中的戰士也不明白為什麼主帥要如此處置孟獲，紛紛提出質疑。

諸葛亮解釋說：「我們想要徹底平定南方，就必須重用像孟獲這樣的人。如果能說服他心悅誠服地歸順，足足可抵上十萬大軍。所以，你們或許現在會辛苦一點，可是以後就不用到這麼偏遠的地方來打仗了。」

就這樣，諸葛亮不斷放任孟獲來攻，有一次孟獲城裡斷糧，他也大方答應，只要孟獲能夠單打獨鬥打贏蜀陣大將，他就提撥糧草資助。可是，孟獲不知是運氣不好，還是技不如人，最後還是輸了，個人可以放回但糧草卻不能搬走。

幾番往返，孟獲縱使不甘願，也是打從心底佩服諸葛亮的智謀，最後一次被擒時，孟獲流著眼淚說：「作戰中被七縱七擒，這是自古以來沒有聽說過的。諸葛丞相對我們已仁至義盡，我是沒有臉再回去了。」

就這樣，以孟獲為首的幾個南方部族終於同意順服蜀漢，聽從管轄，蜀漢西南就此平定無事。

華登．路易．羅斯曾經引《智慧的錦囊》中的一段話，說道：「若是必須與惡棍打交道，只有一個方法可以勝過他——就是待他如一位可敬的君子，認定他具有這樣的水準。他會因為這樣的待遇而受寵若驚，做出相對的反應，並對別人信任他而感到驕傲。」

孟獲雖不是惡棍，但他相對於蜀漢來說是一個敵人，也是一個阻礙。如果諸葛亮只是一味地壓迫，以武力逼他屈服，那麼和平只是一時的，只要南方部族尚存一人，就有可能重新聚集、擾亂邊境。那麼一來，蜀漢光是忙於處理周邊的枝節都來不及了，哪裡有空閒與曹魏和孫吳一較長短？

諸葛亮一向以擅用謀略與才智聞名，善於利用天時、地利、人和，而且計謀劃策多能有事半功倍之效。因此，當他接掌相位之後，他就知道一定要先平定南方，蜀漢方能無後顧之憂。

然而，南方的部族豈是泛泛之輩，正如同兩虎相爭必有一傷，更甚者兩敗俱亡，徒然使得他人有可趁之機，因此他決定智取孟獲來歸，如此不僅南方平靖，而漢營也多得了一員大將。

孟獲心高氣傲，一般的勸降手段，勢必無法令他心服，於是諸葛亮預測了所有孟獲可能來攻的方式，先他一步備妥防禦措施，再設下陷阱，這是得以七擒七縱的主要原因。孟獲多次被擒被縱，心知自己確實不敵，這才心悅誠服地歸順，甚至爲蜀漢招降一統南方部族。

莎士比亞這麼說過：「不應當急於求成，應當去熟悉自己的研究對象，鍥而不捨，時間終會成全一切。」

就像下棋一樣，在初盤就得佈好全局，才有贏面。事情想要成功，就不能冒冒失失、隨隨便便，唯有經過詳加觀察、仔細規劃、明確執行，並且堅持到底，才能順利收得成果。

要當猛虎，不要當驢子

虛張聲勢，過度膨脹，有心人一試就知有無。如果沒有本事，也沒有警覺性，危險當頭還視而不見，一味逞能，那恐怕很難全身而退。

人本來就不可能十全十美，沒有眞正通才通識的人，但是我們卻沒有必要自曝其短，徒然消減別人對我們的信心。

懂得掩飾缺點，突顯優點，是聰明人的智慧。只不過，光是掩飾而不努力修飾，甚至進一步充實知識，一旦掩飾的粉妝脫落，可就眞的騙不了人了。

唐代大文學家柳宗元寫過這麼個「黔驢技窮」的故事，說明了如果沒有眞正的本事，一旦用完了有限的幾個花招，再也沒有別的辦法，就只能坐著等死了。

從前，貴州一帶沒有驢子，一天有個人運來了一頭毛驢，但因為一時不知將牠派上什麼用場，便把牠放牧在山腳下。

山裡的老虎發現了這頭毛驢，覺得牠看起來很高大，卻不知道牠有些什麼本領，因而不敢貿然靠近，只是遠遠地躲在樹林裡，偷偷地觀察牠的動靜。

過了一些時間，見驢子沒有動作，老虎放大了膽子，走出樹林，一點一點地靠近毛驢，再仔細地瞧瞧牠，但仍然不知道牠究竟是什麼東西。

突然，毛驢發現異狀大叫一聲，把老虎嚇了一大跳，以為牠要來吃自己了，急忙逃得遠遠的。可是，毛驢只不過又低下頭吃草，一點動靜也沒有。

過了幾天，老虎又靠近毛驢，經過這麼多天的觀察，早發現牠並沒有什麼特別的本領，對牠的叫聲也聽慣了，於是，便向毛驢靠得更近些，在牠面前轉來轉去，結果還是平安無事。

後來，老虎靠毛驢更近了，甚至湊上前去碰撞毛驢的身子，故意冒犯牠。毛驢終於被惹得發怒踢跳起來，抬起腿用蹄子去踢老虎。

這一來，老虎反而高興起來了。牠估計毛驢的技能就這麼一點，沒有什麼可怕的，便大吼一聲，猛撲上去，吃了個飽足，才高高興興地離去。

其實，回過頭來看看人與人之間的相處，又何嘗不似如此？有時候，初到一個環境，別人尚摸不清你的實力，通常會像老虎遇上毛驢一般，先保持距離冷眼旁觀；等彼此接觸一多，加上有心無意的試探、挑釁，你的表現就完全地顯露出你的本事了。

從故事中，我們可以看出兩種截然不同的處事態度；有時你會是猛虎，有時你只是毛驢。然而，也正因爲每個人的特質與專長都不同，所以我們既不可驕傲自恃，也不能輕忽他人。

故事裡的猛虎雖然強勢，但並沒有對周遭環境輕忽。當牠不了解虛實的毛驢出現，剛開始或許有些緊張，卻沒有一下子就慌了手腳，反倒是小心觀察、不停地試探，保存實力，直到確認自己的安全無虞，甚至佔了優勢才現出眞面目。或許，這也就是猛虎之所以是猛虎，毛驢始終只是毛驢，誰強誰弱是一開始就註定好的。

義大利思想家萊奧帕爾迪在《思想錄》中留下這樣一句話：「要對別人隱瞞我

們所知的侷限，最可靠的方法，就是不要越過界限。」

如果沒有萬全的準備，就貿然進入自己無知的領域，是相當危險的。

如果你並非猛虎，只是毛驢，那麼還是耐著性子，別急著動怒，多充實自己的實力，多觀察周遭的局勢，至少要先看清逃亡路線和躲避處所吧，否則只知以拙劣的伎倆虛張聲勢，過度膨脹，有心人一試就知有無。如果沒有本事，也沒有警覺性，危險當頭還視而不見，一味逞能，那恐怕很難全身而退。

我們當然可以掩飾自己的弱點，才不會一開始就矮人一截，但是這樣的行為只是以時間換取空間，如果不能趁著這段蜜月期仔細觀察周遭環境，確實檢討出自己的弱點和極需加強的地方，暗中積極學習改善，等到時間一久，各種問題和狀況交相出現，沒本事處理，再怎麼完美的掩飾也都會失效。

謙虛和虛假看起來差別很大，但是，兩者其實只有一線之隔，這條界線的名字就叫做「實力」。

戀棧，只會讓你看不清危險

戀棧，是一種自我催眠，會讓人看不見前方的危險。放任戀棧心態，認為自己舉足輕重，恐怕會讓自己陷入難堪的境地。

失去了利用價值，就算東西還好好的，也沒有多大用處。所謂「兔死狗烹，鳥盡弓藏」，其實是很簡單很實際的道理。

因此，知道功成身退，懂得見好就收，就可說是不可不知的智慧了。

然而，當成功之後還有更大的成功，慾望之後還有更大的慾望，我們能不能當機立斷、毅然決然地離開那個看似機會的洪流，還是會如同三流的賭徒般，在最後一把輸光了身家性命？

戰國時代的張孟談，掌握了這個人生智慧，選擇急流勇退以保全自己。

戰國初年，晉國的卿大夫智伯，率領韓、趙、魏三卿滅掉晉卿中行氏之後，便以此要脅，向韓、趙、魏三家索取疆土。韓、魏兩家因害怕智伯，都給了他土地，唯有趙襄子不肯給予。

於是，智伯又會同韓氏和魏氏的軍隊聯合攻趙。

趙襄子得知後，採用大夫張孟談的計謀，暗中與韓、魏兩國取得聯繫，點明「兔死狗烹」的道理，強調如果趙國被攻滅，對他們是不利的。最後，韓、魏與趙的軍隊反而秘密聯合起來偷襲，將智伯活捉。

在「三家分晉」這場爭鬥中，張孟談算是為趙國立下了大功，可是事成之後，他卻向趙襄子提出辭呈。

趙襄子覺得很奇怪，不禁問張孟談為什麼要在此時身退。

張孟談回答說：「從前有人說，春秋五個霸主之所以能很好地治理天下，那是因為國君都能駕馭臣子，而不為臣子所駕馭。如今我作為臣子，名聲顯達，地位高尊，權力重大，信服的人太多了，所以應該放棄功名，削弱自己的權勢。」

趙襄子並不同意，對張孟談說：「我聽說凡是能輔佐國君的，名聲才能顯達；功勞大的，地位才能高貴；對國家能負責任的，才能委以重任；只要自己忠誠，眾人便會信服。先聖所以能安邦定國，也因為如此。既然連聖賢都這麼做，你又為什麼一定要辭離呢？」

張孟談說：「大王所說的是成功所必須，而我說的是鞏固國家政權的道理。我聽說，從前君臣一起打天下，最後取得成功，這是常有的事，但成功之後君臣權力平等，臣子的結局美好，那是從來沒有過的。前事不忘，後事之師，即使大王不同意我辭離，我也沒有力量來幫助您做事了。」

趙襄子見他態度如此堅決，知道無法挽留，只好同意讓他離開。

自古以來的借鏡歷歷在目，張孟談深知這個道理，所以他向趙襄子提出離開的請求。因爲他知道，即使現在趙襄子感謝他的計謀劃策才能成功擊潰智伯，但事成之後，一切皆已如趙襄子所願，再也不需要他規劃兵略了。

看過《鹿鼎記》的人都知道，韋小寶一再爲康熙立功，不斷加官晉爵，到了最後康熙雖仍信賴韋小寶這個朋友，卻沒有辦法抹去內心「功高震主」的陰霾，以致於這對好朋友終究還是得分道揚鑣，否則康熙就被迫除去韋小寶了。

臣下的功勞過高，是會令主上心中不安的，張孟談自願放棄眼前的功名與榮華，懂得急流勇退，這才是聰明人。

有人說：「明智的人信奉這樣一句格言：『在事物拋棄你之前先拋棄它。』」

據說，運動員的運動生涯大抵就在青年時期的黃金十年，經過這個時期之後，身體機能漸漸衰退，想要再創佳績就不容易了。所以，每一位運動員都渴望在成績攀登頂峰的時刻光榮退休，而不要等到自己如同落日殘陽之際，被無數後進超越，光芒不再，只剩清冷黯淡的黑夜。

有一種說法，很有意思：「真正重要的，不是你到場時大家鼓掌歡迎，而是你走後，別人還對你念念不忘。」

還記得賞櫻時的經驗，花苞初綻時，疏疏落落不甚起眼，但是，所有人絕對會對滿天花舞的景象驚聲讚嘆，久久難以忘懷，至於花季過後滿地狼藉的花屍，便再也無人加以理會了。

戀棧，是一種自我催眠，會讓人看不見前方的危險。

櫻花再美也有落地的一天，如果放任戀棧心態，驕傲自恃自己的存在，認爲自己舉足輕重，恐怕會讓自己陷入難堪的境地。

所以，「震撼登場，盡情揮灑，光榮退場」，才是一場最完美的人生演出。

換個角度來想，「落紅不是無情物，化做春泥更護花」，能夠順利在這座舞台下場，就有機會登上另一座舞台，又何必霸著不放，非得等到觀衆噓聲四起不得不狼狽下台時才肯結束呢？

口不擇言的人最膚淺

人與人之間想要和平相處，最忌諱的就是在別人的痛處上扎針。不懂得尊重他人，無禮粗俗，都是不討人喜歡的行徑。

栽種果樹的人都知道，有時候外觀美麗的水果，吃起來不一定如外表一般甜美。所謂「人不可貌相」正是相同的道理，以貌取人，依外貌來評斷他人是相當不智的，有時候，看起來衣冠楚楚的人，可能其實是華而不實的大草包，而相貌普通的人，也有可能極有學識。

外在的形象與內在的才學德性並無直接相關，但是，我們可以見到歷史上許多腐敗的官僚制度卻以貌取人，將可堪重用的良才推出門外。就像唐末的皮日休本可以一展所長爲國盡效，但是卻不得不淪爲盜賊，實在諷刺至極。

皮日休是唐朝末年著名的文學家，詩歌、散文和辭賦都寫得很好，二十多歲時就已經相當出名了，只是他左眼角有點下塌，容貌不夠端正。

西元八六六年，三十二歲的皮日休被推薦到京城長安去參加進士考試。他在城東南的永崇里只住了十天，文名就傳遍了長安城，但是由於他不願奉承權貴，得不到他們的薦引，結果沒有考中進士。

考試落第後，皮日休回到家鄉，把自己所寫的兩百多篇詩文編成十卷，定名為《皮子文藪》。第二年，他再次進京應試，這次考試的主考官，是禮部侍郎鄭愚。他看了皮日休的文章非常欣賞，還未發榜，就派人把他叫到府裡來會面。

鄭愚原來以為，皮日休的文章寫得這麼出色，相貌必定清秀端正。不料一見面，發現他左眼位置不正，看上去不太舒服，於是用嘲笑的口氣問他：「你很有才學，為什麼一隻眼睛長得不相稱？」

皮日休對鄭愚的問話很反感，立刻反唇相譏道：「侍郎可千萬不能因為我這一隻眼睛，而使自己兩隻眼睛喪失目力啊！」

鄭愚顯然對皮日休的這番話心存芥蒂，發榜之時，皮日休雖然如願地考取了進士，卻是最後一名。

皮日休在長安擔任低階官職一段時間，看到了日漸腐敗的朝政，寫下許多文章暴露和批判了黑暗的社會現實，引起朝廷不滿，因此官運困頓，後來長安再也待不下去了，只得投奔黃巢的軍隊。

不久，黃巢的軍隊攻入長安，史稱「黃巢之亂」，雖然後來被平定，卻使得唐朝國祚走上末路，演變成藩鎮割據的局面，不久就正式滅亡了。

人與人之間想要和平相處，最忌諱的就是在別人的痛處上扎針。

鄭愚不理會皮日休的才識，卻故意譏笑他的容貌，實在不是厚道的舉動；而皮日休遭人踩到痛處，失了尊嚴，反唇相譏或許是因爲很難忍氣吞聲，但如此口不擇言也的確有欠考慮，以致於就這樣斷送了自己的前途。

愛默生說：「不管使用什麼樣的語言，只要你開口，就能反應出你的人品。」

從這句話我們就可以看出，皮日休和鄭愚都不是值得稱許的人物。鄭愚無禮淺薄，皮日休衝動壞事，他們的下場其實禍首就是自己。

不懂得尊重他人，無禮粗俗，都是不討人喜歡的行徑。禮貌或許不一定是智慧的象徵，但是沒有禮貌總不免讓人覺得粗魯不文；以禮待人，別人也會以禮待你，這是一種傳遞善意和尊重的方式。

尊重別人，也是尊重自己。

《荀子》修身篇裡強調：「容貌、態度、進退、趨行，由禮則雅，不由禮則夷固僻違，庸眾而野。故人無禮則不生，事物禮則不成，國家無禮則不寧。」

如果人與人之間失了分寸，那麼紛爭是永遠不會減少的。

05

讓假動作
達成最好的效果

有時候，「假動作」也是一種妙招，只要演技夠好、運用得當，這一招往往能夠成功轉移對手的注意力，爭取得分的機會。

用自信面對無理的挑釁

我們不用刻意與人爭執孰高孰低，也不用去證明誰對誰錯，但是面對別人惡意的挑釁，也絕不當軟柿子任人欺侮。

馬克斯威爾說：「一向尊重自己的人，不會對他人抱有敵意，他不需要去證明什麼，因為他可以把事實看得很透徹，他也不需要對別人證明自己的要求。」

做人要能看重自己，自重才能自信，對自己有信心，就不會被人看不起。

然而，在我們建立自我的信心時，同時也要小心不要膨脹過度，如果自信變成了自傲，那麼就像是蒙眼登梯，看不見前方也看不著腳下，極其危險。

古希臘哲人愛斯裘勒斯就曾在《波斯人》一書中如此勸戒：「高傲之心不可有。高傲會開花，使破滅之果熟，秋收之時，你就要去割取紛落的淚珠。」

想要成功，想要受人敬重，想要人見人愛，那麼我們便要記得「自重而後人重，自信而後人信」，而且千萬別讓自傲給壞了事。

有一年，晏嬰奉命出使楚國。楚王聽說晏嬰人矮，長得不夠體面，存心要侮辱晏嬰，於是派人在城門邊上挖了一個狗洞，要讓晏嬰從狗洞進城。

晏嬰來到楚國，立即發現了楚王的陰謀，於是站在狗洞前，看著周圍準備看笑話的人群，故作驚訝地說：「哎呀！今天我難道是到了狗國嗎？不然，怎麼這城沒有城門而只有狗洞呢？」

負責接待的官員聽了不免覺得臉紅耳赤，又不願被人恥笑為狗國，只得大開城門，重新引導晏嬰從城門進城。

晏嬰來到楚國的宮中，楚王仍舊居高臨下，裝模作樣地問：「齊國難道沒人了嗎？怎麼派你這樣一個人出使楚國呢？」

晏嬰聽了，反駁說：「我們齊國光都城臨淄就有成百條街道，幾萬戶人家，百姓們張開衣袖就能遮住太陽，揮把汗水就像下雨一樣，街上的行人摩肩接踵，怎麼會沒有人呢？」

楚王聽了，還是輕蔑地說：「既然齊國人那麼多，為什麼不派一個比你強的人到楚國來呢？」言下之意還是看不起晏嬰的能力。

晏嬰態度倒也自然，同樣輕蔑地笑了一笑，回敬說：「大王，您不知道，我們齊國在委派外交使臣時，有這麼一條規矩，賢明的使臣就派他到賢明的國君那裡去，無能的使臣就派他去見無能的國王。我在齊國是最無能的，所以就被派到楚國來見大王了！」

晏嬰擺明了像楚王這樣目中無人的君主，根本不需要給予任何敬重。楚王聽了自覺理虧而且臉上無光，但又無話可以反駁。最後，他只得改變態度，以隆重的禮節接待晏嬰，並說：「賢人是不可以和他開玩笑的，我是自取其辱呀！」

晏嬰雖然在外貌上比不過他人，但他的氣勢與機智，卻令人不得不佩服。楚王有意輕蔑齊國，所以對晏嬰諸多污辱，但晏嬰身爲外交使臣，並沒因此中計發怒，而做出錯誤判斷，反而運用智慧令楚王啞口無言，不得不改變態度。

西洋有句俗諺是這麼說的：「傲慢先行，恥辱隨之。」而無獨有偶的，德國諺語也說：「傲慢缺乏通融，合該忍受譏諷。」都是批判倨傲與傲慢的言行舉止，非但不能展現人的高度，反而有損人的氣度。

從故事之中，我們其實可以清楚看出來，楚王和晏嬰其實都是自信的，然而楚王的自信衝過了頭，因而變成了傲慢，最後只得自取其辱。因爲，信心與聰敏的表現，並不在於如何愚弄別人、如何侮辱別人，失去了謙遜無疑也是失去了人格。

楚王無禮在先，晏嬰機智的回話縱使話中帶刺，卻也讓人覺得無可厚非。

如果晏嬰不懂得適可而止，一味強求自己要佔上風，那麼他也將會被驕傲所害，畢竟身爲外交使節，所經手的是國與國之間的外交事務，發生糾紛所損失的是國家利益，如此的話，他便不能算是一名成功的外交人員。

其實，說到底只有一個原則，我們不用刻意與人爭執孰高孰低，也不用去證明誰對誰錯，但是面對別人惡意的挑釁，也絕不當軟柿子任人欺侮。

越難聽的話，越要婉轉地說

越是難聽又不得不說的話，越要婉轉小心地說。唯有了解別人的想法，才能運用話語去掌握局勢，才能確保自己的優勢地位。

哲學家沙迪這麼說：「先想然後再說，別人說『夠了』，就要閉嘴。人優於動物是因為人會說話，但如果人不懂得善用這項能力，那就比動物還不如。」

說話是人類的一項天賦與優勢，而說好話則是一項藝術。

大家都應該聽過一個故事，堅實的鐵桿費盡了力氣也撬不開大鎖，但一把小巧不起眼的鑰匙，卻輕而易舉起將鎖打了開來。

鐵桿不解爲什麼自己費了再大的力氣也打不開的物件，一把小小的鑰匙卻輕易地辦到了呢？鑰匙只是簡潔地回答：「因爲我最了解他的心。」

的確，每個人的心裡都像是上了一把鎖，唯有去了解那把鎖，細心觀察，打造出最恰當的鑰匙，才能輕易地打開對方心門。

科舉考試是中國古代選拔官吏的一項措施，因為透過考試，一般的平民百姓只要有能力與文采，同樣有機會加官晉爵，所以自古以來不少寒士閉門苦讀，只求能有一飛青天的結果。所謂「十年寒窗無人問，一舉成名天下知」，不少讀書人以求取功名為人生主要目標。

在宋朝時候讀書人想要做官，也必須參加科舉考試。從鄉試一路考起，合格的話便稱為舉人；取得了舉人的資格，就可以到京都參加會試了。

有一年秋天，省城裡要舉行鄉試，當地有個讀書人名叫孫山，準備到省城去應試。孫山一向能說善道，滑稽詼諧，人人稱他「滑稽才子」，鄉里對他考試中舉都寄予厚望。臨行前，鄉里一位老人前來拜訪，請孫山與他的兒子一起去應考，以便互相照應，孫山也爽快地答應了。

兩人一到省城，立即參加了考試。好不容易到了放榜那天，孫山懷著緊張的心情，前往發榜處去觀看。看榜的人很多，孫山好不容易才擠到前面，一連看了幾遍，都沒有看到自己的名字。

此時，他已灰心喪氣，準備再看一遍，再一次確定榜上無名字就離去。結果，竟在最後一行中見到了自己的名字，原來自己是以最後名中舉，頓時轉憂為喜。

他連忙再看一起來應試的鄉人兒子是否也榜上，可是看來看去就是沒看著，心想他肯定落選了。

孫山打算即刻回鄉報喜，但落榜的鄉人兒子卻還不打算回家面對親人。於是，歸心似箭的孫山第二天一早便自己一個人上路了。

孫山回到家裡，鄉鄰們得知他中舉，都向他表示祝賀。而那老人見兒子遲遲未回，便請問孫山他的兒子是否榜上有名。

孫山看著老人殷切的神情，實在不好意思傷老人的心，想來想去乾脆詼諧地唸了兩句詩：「解名盡處是孫山，賢郎更在孫山外。」

當時舉人前往京城會試時，都由地方解送入試，所以鄉試第一名稱為解元，而其餘榜上的舉人都稱解名。這兩句詩的意思也就是說：「舉人的最後一名是我孫山，你兒子的大名還在我孫山之後」，言下之意也就是他落選了。

那老人聽了雖然頗感失望，但是看到機靈出了名的孫山都只能考到最後一名，對於自己兒子會落榜一事，也就稍稍釋懷了。

科舉考試算得上是一種選拔人才的方法，缺點就是考試的內容難免狹隘，只能選出具有某些才能的人。

雖然與老人的兒子相比較起來，孫山的際遇是慶幸許多，但又何必傷老人的心呢，所以乾脆自嘲嘲人，也算是緩和了當下的場面。而眾人更是感受到孫山的思緒敏慧，能言善道，言談風趣，心想連孫山都不過是最後一名，那麼舉人榜上必然人才濟濟，科舉考試的競爭激烈，自然是可想而知了。

人人都愛聽好話，有人這麼說過：「說得多不如說得少，說得少不如說得好，說得好不如說得巧。」

在適當的時機，說適當的話，對於局勢結果來說，有舉足輕重的影響。

至於要如何才能說得好又說得巧，第一件是就是要懂得站在別人的立場上思考。

越是難聽又不得不說的話，越要婉轉小心地說。就好像故事中的孫山，明知道事實眞相不論如何都會傷了老人的心，但是他又不可能不說，於是他善用了說話的技巧，把話說得婉轉，老人就算聽出了弦外之音，也因爲孫山的體貼而感到受用，無形中也將傷害減緩了許多。

唯有把自己變成一把細膩的鑰匙，進入別人的心思，才有機會了解別人。

唯有了解別人的想法，才能運用話語去掌握局勢；唯有順利掌握局勢，才能確保自己的優勢地位。

讓假動作達成最好的效果

有時候，「假動作」也是一種妙招，只要演技夠好、運用得當，這一招往往能夠成功轉移對手的注意力，爭取得分的機會。

有一句話是這麼說的：「時機未到之前，不要和敵人正面衝突。」

這是因爲當自己的實力尚不足以勝過敵人之前，勝算太小，不如首先避其鋒芒，減低敵人戒心，等待一切準備妥當之後，再伺機而動，全力出擊。

大家都知道，秦末劉邦之所以能小兵立大功，扳倒兵多將廣的項羽，多虧了他身邊有不少位得力助手。其中，韓信和張良更是奠定致勝基礎的關鍵人物。

西元前二〇六年初，劉邦十萬大軍率先進逼秦都咸陽，秦王子嬰出城投降，意味著大秦王朝就此滅亡。當時，隨後趕到的項羽，對於劉邦先入咸陽一事感到相當不滿，於是率領四十萬大軍逐步進逼，打算若劉邦輕舉妄動，便一舉殲滅。

劉邦自知拼不過項羽，便在謀臣建議之下率兵西退，將咸陽獻給項羽，假意臣服而不與他正面衝突。項羽則順勢率大軍進入咸陽，自封西楚霸王，封劉邦為漢王，管理偏遠的巴蜀、漢中等地區。

劉邦雖然感到不服，卻也知道項羽對自己充滿猜忌和敵意，一旦有任何動作，勢必引發項羽不滿，藉機發兵，此時羽翼未豐的漢軍將毫無抵抗的能力。

所以，在張良建議之下，劉邦接受了封號，同時將都城外幾百里棧道全部燒掉，表示不再回關中，藉以降低項羽的心防，同時也防範了其他諸侯國伺機進犯。

分封諸王之時，項羽將關中交由三名投降的秦將把守，加上劉邦低調的表現，他總算放下心來。

然而，時勢變化劇烈，跋扈的項羽果然引發民怨，不久就有人起兵來反抗他，此時休養生息的劉邦也準備藉此重進關中。他採取韓信的計謀，派了幾百名軍士前去修復棧道，看起來就像要等棧道修好，才由此進攻的態勢。

負責鎮守關中的章邯得到這個消息以後，相當不以為然，認為劉邦愚蠢至極，偷襲還如此大張旗鼓：「當初自己燒了棧道，結果現下反而防礙自己進關，而且還這麼小家子氣，只派了幾百個人，不知要修到何年何用，看來不可能會有什麼作為，不用太過在意理會。」

章邯的想法恰恰好落入了韓信的計謀裡。只派幾百個兵士去修棧道，是因為其他的大軍正準備偷偷繞道，進佔極具地理樞紐位置、後援充足的陳倉。果然，沒多久韓信就以迅雷不及掩耳的速度攻陷了這座城池。章邯發現陳倉失守，急忙領兵前去救援，可是已經來不及了。

韓信安排假意的攻擊，成功轉移敵人的注意力，掩蓋了真正的進攻方向，是所謂「按奇出於正，無正則不能出奇」，也就是說如果不明修棧道，就不可能成功地暗渡陳倉，這樣的計謀是故意暴露出自己的行動，等對方心理形成預期，再主動迂迴攻擊，達到出奇制勝的結果。

由於這一戰成功，打響了漢軍的名號，加以儲糧充足，兵強馬盛，加上不滿項羽的百姓也紛紛響應，形成一股銳不可擋的勢力，終於成功創建漢王朝。

韓信一向善於用兵，除了靈活運用兵書計謀，也擅長採取心理攻防，虛實並用，所以經常收得奇襲之效。

就好像打一場籃球賽，體力好、身材高的球隊，打起球來當然更具優勢，但是這並不代表身材不高的球隊就完全沒有贏球的機會。

球員年輕，體力過人，當然是一大利多，然而精湛的技巧以及各種戰術的交互運用，更是致勝關鍵。而控球後衛就像是籃球場上的指揮官，不論是假意要切入投籃，引來對手連續包夾，製造外圍空檔，再伺機妙傳射手投出三分球，或者是在對手封死射手球路之時，將球吊進內場，交由中鋒強行突破，都要能適時辨析出當下的景況，做出最恰當的判斷與安排。

有時候，「假動作」也是一種妙招，只要演技夠好、運用得當，這一招往往能夠成功轉移對手的注意力，爭取得分的機會。成功的方法不會只有一個，不過，能夠慎謀果決地判斷局勢，再依勢而動，是比較穩當的做法。

找自己喜歡的工作，不然就適應工作

能夠將自己喜歡的事物當成工作，是一件幸運的事；能夠將自己的工作當成興趣，是一件幸福的事。

你對於「工作」有什麼樣的看法？

是一種成就感的累積？還是一種不得不爲的義務？

德國哲學家歌德有他自己的看法，他說：「如果工作是一種樂趣，人生就是天堂；如果工作是一種義務，人生就是地獄。」

我想，這是因爲除了睡覺之外，佔去我們生命中絕大部分時間的就是工作了。既然工作如此左右了我們的人生，或許我們都該好好地想想，到底「工作」對我們來說應該是什麼。

日本知名的企業家松下幸之助倒也和歌德有著同樣的想法，他曾經說過：「工作就是生活的中心。對於工作若是沒有興趣，那麼每天的生活便會過得索然乏味。只要把工作視為事業而埋頭苦幹，那麼你就不難在工作裡發掘到生活的樂趣。」

簡言之，想要讓自己快樂生活，非得想辦法快樂工作不可。

然而，想要快樂工作，只有兩個途徑：一是找自己喜歡的工作，二是喜歡自己的工作。如果無論如何也無法將自己喜歡、感興趣的事物轉變成工作，那麼唯一的辦法就是想辦法去喜歡自己的工作。

其實，每一份工作都有它的壓力所在，每一份工作也都有它的趣味所在，就看你用什麼樣的角度去看待罷了。有時候看起來讓人人羨慕的工作，其中的辛酸只有身在其中的人才會明白。

例如，在古代，能夠在皇帝身邊當差，是絕大多數讀書人夢寐以求的工作，即使十年寒窗苦讀，拼了命也要應試中舉，擠進權力核心。然而，這個人人稱羨的工作，有人做來卻膽顫心驚。

蕭嵩是唐玄宗時代的中書舍人，也就是專門負責起草詔書的文官。蕭嵩的身材體態高大，加上蓄有一副美髯，看起來相貌可謂不凡。

身居要官，加上優異的外在條件，任誰都對蕭嵩平步青雲、人中龍鳳的際遇感到欣羨不已，然而，他自己卻不見得這麼認為。

有一天晚上，唐明皇百般考量，終於決定要任命蘇頲為宰相，當下立即叫侍從找個人來草擬詔書。不多久，侍從把蕭嵩請來了，唐明皇就命他馬上草擬一道任命蘇頲為宰相的詔書。

蕭嵩遵命起草，過了一會兒，便把詔書草稿呈送交唐明皇審閱。明皇見稿中有「國之瑰寶」一句，覺得犯了蘇頲之父親蘇瓌的名諱，認為似乎不太妥當，便要他當場修改一下。

這下可給了蕭嵩一個大難題，他行文的速度本來就不快，加上皇帝又在一旁等著，越急越是寫不出來。別看他長得人高馬大，一時又急又怕，周身流汗，站在屏風後面，心慌意亂，想來想去就是不知道怎樣修改才好。

等了好久，明皇不耐煩了，便走過屏風來看看，只見他只把「國之瑰寶」改成了「國之珍寶」，其餘全無更動。皇帝對他的表現相當不滿，喝斥要他退了下去，蕭嵩無奈只好羞慚而退。待蕭嵩退下，皇上便把草稿扔在地上說道：「此人虛有其表，沒有大用！」

功力如何，一試便知。蕭嵩雖然給別人的印象良好，官途也還算順遂，偏偏就隨機反應弱了些，剛剛好被唐明皇這麼一試，就看清了他的底細。

其實，做文章的速度和品質也是因人而異的，有些人下筆成章，條條成理；有人偏偏得要慢工出細活，字字斟酌，誰勝誰負，也沒個定數。但是，既然是工作，自然就無法推託了，總不能事到臨頭了，還要老闆等你三天吧！

老闆多半不會覺得自己在強人所難，因爲花錢請人就是要人解決問題，如果什麼事都解決不了，請人又有何用？

蕭嵩敗在自己的弱點上，總之就是沒表現好，想要改變皇帝心裡的印象，怕是難上加難了，還落了個「虛有其表」的惡名。

這是一份需要臨場隨機反應的工作，對於思緒敏捷、喜歡接受挑戰的人來說，可以算是如魚得水，但是對於行事喜歡慢工出細活的人來說，就是如坐針氈了。

當然，不適應的人大可離開，但是如果不想離開或者離不開，唯一的法子就是訓練自己去適應。

自己的工作範圍之內所需求的種種能力，應該盡力學習；工作範圍之內的種種關係，應該努力維繫；想要遊刃有餘，就要將自己的興趣以不著痕跡的方式融入工作，再從工作之中找尋出新的興趣。

能夠將自己喜歡的事物當成工作，是一件幸運的事；能夠將自己的工作當成興趣，是一件幸福的事。

只要在你的生活之中投入真心與努力，你可以活得快樂，也可以過得幸福。

要施展戰術，先把人放對位置

想要成為一名成功的領導者，唯有任賢使能，各司其職，各在其位，相互呼應、相互配合，方能共同合作，共創佳績。

身爲一位領導者，能夠洞察局勢，自然就等於在起跑點上奪得先機，但是如果不能培養一批成效優異的團隊，想要得到最後的勝利，是相當困難的。

領導者有時就好像一個懂得安排各種精明戰術的教練，如果球員沒有辦法配合，如何能夠順利得分呢？

速度不夠快、假動作演技不好，戰術再高明、再完美也不會成功；更何況若是位置安排錯誤，該打後衛的叫他打前鋒，怎麼可能打得好呢？

那麼，到底要怎麼樣才能稱之爲是優秀的領導者？

根據管理學家羅傑．福爾克所說：「經理無須在各方面都是專家，但他必須能夠理解專家們的意見，必須知道哪些事情是專家們可能做到的，哪些事情是他們幹不了的。總之，他必須有能力管理他們。」

簡單地說，就是要做好人力管理，有了適當的人才可以安插在適當的位置，輔以正確的管理方法，環環相扣的結果不僅作業效率增加，成效也更好。

至於管理原則，說穿了也只有一個，就是組織管理學名家泰勒所說：「管理的首要目標，應是讓僱主和每一個僱員都能獲得最大限度的興旺發達。」

有錢大家賺，有利大家享，自然人人出力。相反的，如果用錯了人，將人擺錯位置，不論是高估還是低做，不只是一種浪費，還可能是一種危機。

東漢末年，陳留有位名叫邊讓的人，在地方上很有名氣。

當時的大將軍何進想將他納為己用，但是又怕他太心高氣傲，不願意前來，於是便以軍令徵召，命他擔任令史官。

邊讓表現果然精彩，不只文章做得好，箭術也令人讚賞，與孔融、王朗齊名。

當時在朝廷擔任議郎的蔡邕聽說邊讓在何進身邊為官，心想：「邊讓這個人才學頗為不凡，照理說應該擔任更高階的官職才對。」於是，他便親自到何進家裡去，勸說他把邊讓推薦出去。

蔡邕說：「我看邊讓這個人，真是才能超群，聰明賢智，心通性達，非禮不動，非法不言，實在是難得的奇才。俗語說，『用煮牛的大鍋來煮一隻小雞，水放多了，味道沒了就不好吃了；水放少了，則煮不熟，更不能吃了。』這說的是大器小用，所以是不相宜的。我現在憂慮的是，這個煮牛的大鍋沒有用來煮牛，希望將軍仔細考慮一下，給邊讓一個施展才能的機會。」

由於蔡邕的遊說，而後邊讓果然獲得擢進，累官至九江太守。

所謂「工欲善其事，必先利其器」；意思就是說一定要選用最適當的器具，做起事來才能得心應手。顯然，選用人才也是如此，大材小用猶如資源人力的浪費，小材大用又難達理想的效果，可見過與不及都不是好的處理方式。

人是有野心的動物，為了想要得到更好的事物，往往願意付出代價。在職場上，

老闆和員工就是彼此付出，再共同得利的。然而，如果利益分配不均，很容易引起憤恨的情緒，甚至製造糾紛。

試想，如果一個有才幹、有野心的員工，始終得不到重用，抑或是同工不同酬，那麼久而久之，勢必會對老闆產生不信任；下屬對上司產生不信任，豈不是一項相當大的危機？

自覺委屈的員工，可能會對老闆、對公司、對工作產生怨恨，不專心致力完成份內的工作，對於公司的產能來說就是一種損失；如果把持了公司的秘密，而投奔競爭對手旗下，對公司來說是更加可怕的隱憂。原本可能得到的共同獲利不見了，相繼而來的是一連串的危機和困擾，這無疑是雙倍以上的損失。

想要贏球，第一要件就是要安排最恰當的球員打最恰當的位置，體力鍛鍊加上戰術應用配合，獲勝的機率自然大增。

相同的，想要成爲一名成功的領導者，唯有任賢使能，各司其職，各在其位，相互呼應、相互配合，方能共同合作，共創佳績。

獨特的風格就是吸引別人的特色

一味地諂媚和討好是沒有用的，最重要的是要建立自己獨特的風格，最好讓人一想到某個專業領域時就能聯想到你，貴人自然上門。

英國劇作家蕭伯納說：「一個人要是沒有什麼主張，他就不會有風格，也不可能有信念。一個人的風格有多大力量，就看他對自己的主張感覺得有多強烈，他的信念有多麼堅定。」

簡單地說，做人要有自己的主張，要堅持自己的信念。

有句話是這麼說的：「在大多數的情況下，你之所以沒有獲得某些東西，是因為你沒有去追求那些東西。」

也就是說，當你想要得到某項事物，你必須主動去爭取，就好像在湖心投入一顆石子，將你的目標像漣漪一般傳遞出去，說不定貴人就會在下一刻出現。

荊軻是衛國人，最喜歡的事情就是擊劍和結交朋友，整天和朋友一起練劍習武，切磋武藝。每天早晨天剛亮，他就起身去練劍，直練到汗水淋漓才休息。此外，他又飽讀詩書，好學不倦，後來成為戰國時期著名的俠士。

荊軻來到燕國以後，和隱居賣狗肉的高漸離成了知己。每天，兩個人一起在燕國的市集上喝酒，總要一直喝到醉後才肯罷休。

高漸離也是一名勇士，善於演奏一種名叫「筑」的古樂器，和荊軻兩人常趁著酒興，到鬧市上引吭高歌，完全不理會旁人目光。

有一次，荊軻和高漸離兩人又在鬧市上喝酒，當酒喝過八、九巡之後，趁著酒意他們倆來到了鬧市中央，由高漸離擊筑，荊軻則和著樂聲放聲高歌。兩人越唱越高興，歌聲也越來越激昂。高亢的歌聲引來了許多圍觀的人，而且越聚越多。他們對於人們的指點和圍觀視若無睹，一點也不在乎，當唱到悲切慷慨處，兩人還相對放聲痛哭，淚如雨下，旁若無人，彷彿這個世界上只有他倆存在一樣。

正是由於這種豪邁和毫不理會旁人態度、想法的氣概，使得荊軻後來受到了燕太子丹的賞識，引為上賓，委以抗秦重任。西元前二二二年，他帶著藏著匕首的燕國地圖到咸陽去刺殺秦王，結果刺殺未成，不幸身死。

荊軻年輕時雖好讀書，胸有大志，卻沒有賢君賞識，始終抑鬱不得志。但他性格豪爽，好結交朋友，遇志同道合之士，更不拘小節，只求興至而歸。然而，有志難伸的苦處仍令他覺得鬱悶沮喪，在看似放浪形骸的舉止之外，其實潛伏著有朝一飛沖天的志願。所以，後來他為感遇燕太子丹的知遇之恩，不顧自身的安危，勇敢前往秦都，以獻城名義伺機行刺秦王，雖然最後行動失敗，但他勇猛重義的氣節已長留於青史之中。

美國總統威爾遜說過：「要有自信，然後全力以赴，假如有這種信念，任何事情十之八九都能成功。」

有了信念，就能影響我們的作爲；有了目標，就能確定我們的方向。當我們全身上下都展現出朝向目標前進的決心與信念，產生出來的氛圍，自然就會影響到周圍的人。意氣相投、志氣相近的人就會出現，與我們同行。

有句名言是這麼說的：「成功的最佳捷徑，就是讓人們清楚地知道，你的成功符合他們的利益。」

像荊軻，早就決定自己今生一定要幹下一番大事業，所以他的所作所為便不斷朝著這個方向逼近。他會鍛鍊體魄，結交各路好友，當他遇上知己高漸離，兩個人一見如故，肝膽相照，也期望彼此的目標都能完成。

一個人在全力衝刺的時候，是不會顧盼左右的，所以旁人的目光影響不了他們，閒言閒語也影響不了他們，反而因為他們的獨特風格引來了識人之人。他們聚集在一起，共同成就一番事業，雖然任務失敗，但是他們仍在歷史上留下令人印象深刻的一頁，也算是一種不同凡響的成就。

現在流行一種行業，名叫「獵頭公司」，比人力銀行更厲害。是專門為企業尋找最優秀、最適當的人才。這年頭已經不時興為一家公司鞠躬盡瘁，死而後已，而要懂得為自己打算，在最恰當的位置尋求最大發展。

獵頭公司在職海中觀察表現優異的人才，一旦企業投出尋人消息，他們就可以立刻鎖定最佳人選。

很明顯的，唯有成爲人中菁英，才有機會成爲獵頭公司的鎖定對象。然而，一味地諂媚和討好是沒有用的，最重要的是要建立自己獨特的風格，最好讓人一想到某個專業領域時就能聯想到你，貴人自然上門。

沒有風格和才識的人，在職場中就會像個透明人，雖然存在，別人卻可能一點也覺察不到。那麼要如何建立起自己的風格呢？

最簡單的方法，可能就是堅持以自己的主張去盡力完成自己分內的工作。當你以自己的方式將工作成功地發揮得淋漓盡致，你的表現勢必突出，絕不會是透明的，而是光彩奪目的。

當你堅守自我的品質，展現了獨特風格，自然有人會認同你的格調。

不按牌理出牌，跳出思想的框框

目標原則是確定的，但辦法卻是活用的，懂得因時制宜，隨機而變，以不同的角度去思考問題，才能得出不同的解決方法。

規範和體制是維護社會秩序的必要條件，體制內人人守法，就能減少錯誤發生。但是規矩和律法也是人想出來的，難免會有疏漏不足之處，所以要時常因應人性和時勢去調整、去改變，才不致於變成惡法。

就好像發明速食麵的日清食品創辦人安藤百福所說：「開發某些商品時，經常會走入死巷，但那往往是因為只在常識的框架內思考所造成的。」

因此，當員工發現機器自動包裝杯麵時常常發生放不準的情況，安藤便決定採取倒扣的方式來包裝。

正常的做法是將保麗龍杯放在軌道上，再由機器將乾燥的麵條投入杯中，但是由於距離和軌道移動的關係，落下來的麵條難免就會發生偏差，不容易剛好掉到杯子裡面，得由人工介入協助，無形中便減低了包裝作業的效率。而安藤突發其想的做法是，反過來將麵條放在軌道上，再投下杯子倒扣，不但準確度增加了，連帶整個作業效率也提升了許多。

由於安藤擺脫了思考的框框，不只解決問題，更增加成效，一舉兩得。

新力公司創辦人井深大說過一句相當值得玩味的話，他說：「當常識與非常試相互撞擊時，創新就應運而生。」

凡事按照規定來，當然是很安全的做法，因爲你知其然也知其所以然，但是，有時候不按牌理出牌，可以讓我們得到新發現與新趣味。

周公協助周武王創建周朝之後，被封為魯公，屬地在曲阜這個地方，但他受封之後仍舊留在都城輔佐王室，只派了長子伯禽去接受封地，當了魯公。

伯禽抵達魯地後，經過了三年才向周公彙報在那裡施政的情況。

周公很不滿意，問他：「為什麼這麼遲才來彙報？」

伯禽回答：「是因為要徹底改變那裡的習俗，革新那裡的禮法，三年後才能看到效果，所以來晚了。」

然而在此之前，曾輔佐文王、武王滅商有功，被封在齊地的姜尚，只過了五個月，就向周公來報告在那裡的施政情況了。

當時，周公感到驚奇，便問他說：「你怎麼這樣快就報告情況呀？」

姜尚回答說：「我簡化了君臣之間的繁縟禮節，一切全部按照當地風俗民情去做，所以才會這樣快。」

想到此，周公不由歎息道：「唉，魯國的後代將要當齊國的臣民了！政令不簡約易行，百姓就不會對它親近；政令平和易行，百姓就必定會歸附。」

政令繁複，人民就不容易瞭解，倘若動輒得咎，百姓便會不知所措，而感到惶惶不安，那麼政令的推行便難以得到良好的效果。

伯禽要將當地的風俗習慣全然改變，對於當地百姓來說，等於是要完全捨棄舊有的觀念與做法，重新適應新的措施，不論是心理上或實際執行，很容易產生排斥；

而姜尚卻能因地制宜，將新法的原則套用在舊法之上，讓民眾得以融會貫通，自然就容易看出成效。

馬克吐溫幽默地諷刺：「想出新辦法的人，在他的辦法還沒有成功以前，人家總說他是異想天開。」

但是，沒有那些異想天開的想法，電燈不會被發明，飛機也不會被發明，或許我們到現在還在過著茹毛飲血的生活。

比方，升火煮飯是人類與動物得以區隔的一大里程碑。關於人類懂得用火的傳說有好幾種說法，有人說是燧人氏發現的，有人說是因爲發生森林大火後人類發現煮熟的肉比較好吃，才懂得用火。

不論如何，我們都知道，怕火是動物的本能，可見得原本不知如何利用火的人類應當也是怕火的。如果沒有一個勇敢的人敢去嘗試、敢去試驗，就算是森林大火烤熟了整個森林的動物，但吃光烤肉的人類應該還是沒有辦法自然學會如何用火。

沒有創造力，就沒有今天的人類社會。

目標原則是確定的，但辦法卻是活用的，懂得因時制宜，隨機而變，以不同的角度去思考問題，才能得出不同的解決方法。

如果一直拘泥於舊有的想法與做法，而不願意接納新的觀念與新的事物，沒有進步的空間，腳步就會因此停滯不前了。

不妨想一想卓別林在他的自傳中所說過的那句話，他說：「要記住，歷史上所有偉大的成就，都是由於戰勝了看來是不可能的事情而取得的。」

成功不會因爲墨守成規而得到，跟隨者看到的只是領先者的背影而已。

充滿信心就能扭轉命運

機會始終在門外，就看我們有沒有勇氣去打開那扇門。面對命運、積極尋求機會，種種難題與困難將能倚靠我們自己的力量去克服。

人生的變化，瞬息萬變，沒有人知道，下一刻我們將面對的會是什麼。

希臘哲學家尤里披蒂這麼說：「看到目前享有幸福的人，在他未死之前，切莫欣羨不已。因為，命運往往使人在一夕之間，由幸福為不幸，由富豪變成窮光蛋。」

有些人把命運的乖違訴諸於迷信，在自己的生活之中，劃下了種種限制，然而有些人卻堅信人定可以勝天。

正如莎士比亞曾經留下了這樣一句話：「人們有時可以支配自己的命運，若我們受制於人，那錯處不在我們的命運，而在我們自己。」

面對人生的變化，你會如何選擇呢？

五代時，有個名叫桑維翰的讀書人，刻苦讀書，一心只想考取進士。第一次應考時，遇到了一位很迷信的主考官。這名主考官一看了他卷子上的姓名，皺著眉對身旁的人說：「這個人怎麼姓桑！」

身旁的人還搞不清楚他到底在說些什麼時，主考官便接著說：「這『桑』字和『喪』同音，太不吉利了。此人即使文章做得最好，也絕不能錄取！」

就這樣，桑維翰沒有考中進士。

當桑維翰知道自己不被錄取的原由後，既生氣又不服氣，忍不住憤恨地說：「我一定要寫一篇文章，來破除這種迷信看法！」

於是他寫下了一篇名為《日出扶桑賦》的文章，討論傳說古代有棵大神木，名叫扶桑，太陽就是從扶桑那兒出來的。桑維翰認為，太陽出來地方的扶桑跟「桑」字有關，他的姓又有什麼不吉利的呢？

有人擔心他因此得罪了人，便規勸他說，反正用其他方法也一樣可以做官，為什麼一定要考進士呢？可是，桑維翰絲毫不為所動，反而堅定地回答說：「我志向已定，就是要考取進士！」

為了表示自己的決心，桑維翰請鐵匠打鑄了一塊鐵硯，並向大家表示：「除非這鐵硯磨穿了，我才會走其他途徑去當官！」

經過不斷地努力應試，桑維翰終於順利地考取了進士。

卡內基說：「朝著一定的目標去是『志』，一鼓作氣、中途絕不怳惚是『氣』，兩者合起來就是『志氣』，大凡事業的成敗均繫於此。」

人生在世，就憑著一股志氣，不斷前進，衝破無數障礙，跨越無盡難關。

故事中主考官的迷信之言根本毫無根據，自然使得無端受害的桑維翰內心憤恨難平。他自認不可被這般無謂的理由打敗，是以決定要據理力爭，儘管旁人一再勸告，他也堅守自己的意志。

或許有些人會認爲殊途同歸，既然考進士之路有如此阻礙，不如將力氣放在另謀他途之上，畢竟當時還有多種擢拔官吏的管道。但是，這不過是治標不治本的方

法，迷信的態度流傳下去，將來就算身披官服，還是有可能因爲這樣的理由而被罷官，所以最好的方法就是要想辦法革除這樣的時弊。

桑維翰便認爲，這樣便是姑息迷信，才更加下定決心要考中進士，運用自己的力量去破除迷信。正因爲他有如此堅定的意志，所以，當機會受命運擺弄錯身而過時，他還是能靠自己的力量重新奪得機會。

詩人麥倫曾以寫過「機會」爲題寫過一首短詩，他寫道：「如果有人認為我來敲一次門，卻找不到你，從此我便不再來，那，他們就錯了。因為我每天都站在你的門外，期待你振作精神，隨時為打一場勝戰而做準備。」

是的，機會始終在門外，就看我們有沒有勇氣去打開那扇門。學習桑維翰面對命運、積極尋求機會的人生態度，那麼，生命中的種種難題與困難，也將能倚靠我們自己的力量去克服。

不看名牌，要看內涵

放開既定的思考框架，依據自己的真心去定位價值、看待事物，能這樣生活，真的就能輕鬆得多了。

你知道有人做過一個實驗，證明人會在不知不覺中將名牌和地位產生聯想，而且會對於外在條件高的對象以不同的態度應對。

這個實驗是這麼做的，實驗者發現當人們發現前方紅燈變綠燈卻不馬上開車的車型，如果是雙B轎車等名牌車，願意等候的秒數多過於一般車型。也就是說如果是小貨車或廂型車，你可能會毫不猶豫就按了喇叭，而且破口大罵，而假使前面是停了台賓士，你會立刻鳴按喇叭的比率較低，可能會無意識地多等幾秒再說。

關於這個現象，當然很多人否認自己會這麼做，可是根據實驗者實地觀測的結果，確是如此。

其實，開高級轎車的人，真的代表他們的身份地位乃至於人格高人一等嗎？恐怕不一定吧，殊不見，騙人的金光黨一定也開高級轎車。這種無形中的「奴性」心理現象所造成的影響力，確實值得我們重視。

或許，這也是「威武不能屈，貧賤不能移」的人，特別受人敬重的關係吧！因爲他們能夠跳脫自己心中的障礙，不受外力束縛，真正爲自己而活。

戰國時代，齊國有位高士，名叫顏斶。齊宣王很仰慕他的名氣，便把他召進宮來想給他個官做。

經過三催四請，顏斶總算來了。只見他隨隨便便地走進宮內，來到殿前的階梯處，見到宣王正等待他拜見，就停住腳步，不再行進。

宣王覺得很奇怪，就呼喚說：「顏斶，走過來！到我跟前來！」

不料，顏斶還是一步不動，呼喚宣王說：「大王，走過來！」

宣王聽了很不高興，左右的大臣見顏斶目無君主、口出狂言，都說：「大王是君主，你是臣民，大王可以叫你過來，你卻也叫大王過來，怎麼行呢？」

顏斶回答說：「我如果走到大王面前去，無疑是說明我貪慕他的權勢，如果大王願意走過來，則恰恰說明他禮賢下士。因此，與其讓我貪慕大王權勢，還不如讓大王禮賢下士的好。」

齊宣王惱怒地說：「到底是君王尊貴，還是士人尊貴？」

顏斶不假思索地說：「當然是士人尊貴，君王並不尊貴！」

宣王說：「你說這話有根據嗎？」

顏斶神色自若地說：「當然有。從前秦國進攻齊國的時候，秦王曾經下過一道命令：有誰敢在高士柳下季墳墓五十步以內的地方砍柴，格殺勿論！他還下了一道命令：有誰能砍下齊王的腦袋，就封他為萬戶侯，賞金千鎰。由此看來，一個活著的君主的頭，竟然連一個死的士人墳墓都不如啊！」

齊宣王聽了滿臉不高興，卻無言以對。大臣們見狀，連忙解圍：「顏斶，過來！快過來！我們大王乃是擁有千乘（一千輛戰車）之國的君王，東西南北誰敢不服？

大王想要什麼就有什麼，老百姓沒有不俯首聽命的。你這士人卻如此囂張跋扈，實在太可惡了！」

顏斶駁斥道：「你們說得不對！從前大禹在位的時候，諸侯有萬國之多。這是為什麼呢？因為他尊重士人。到了商湯時代，諸侯只有三千之多。如今，稱孤道寡的才二十四個。由此看來，重視士人與否是成敗得失的關鍵。從古到今，沒有能以不務實事而成名於天下的。所以，君王要以不經常向人請教為羞恥，以不向地位低的人學習而慚愧。」

宣王聽到這裡，才覺得自己理虧，說：「我是自討沒趣，聽了您的一番高論，才知道了小人的行徑。希望您接受我成為您的學生！今後您就住在我這裡，我保證您飲食有肉吃，出門必有車乘，您的夫人和子女個個衣著華麗。」

顏斶卻辭謝說：「玉，原來產於山中，如果一經匠人加工，就會破壞，雖然它仍然寶貴，但畢竟失去了本來的面貌。士人生在窮鄉僻壤，如果選拔上來，當然得以享有利祿，不是說士人不能高貴顯達，但他原來的風貌和內心世界會遭到破壞。所以，我情願希望大王讓我回去，每天晚點吃飯，也像吃肉那樣香，安穩而慢慢地走路，也足以當做乘車一樣；平安度日，並不比高權榮貴差，清靜無為，純正自守，也能樂在其中。命我講話的是您大王，然而盡忠直言的是我顏斶。」

顏斶說罷，向宣王拜了兩拜，就告辭而去。

莊子在〈達生〉篇裡如此寫道：「達生之情者，不務生之所無以為；達命之情者，不務命之所無奈何。」

意思就是說，明白生活眞諦的人，不追求對生活無所補益的事；明白命運眞諦的人，不追求命運無可奈何的事。

戰國時代有許多文士依靠自己的才識，藉著向各國諸侯遊說獻策，獵取高官厚祿，然而也有些不隨波逐流、潔身自愛的士人，如同故事中的顏斶，不慕榮利，不畏強權，是相當難能可貴的氣節。因此，面對齊宣王高高在上的態度，他私毫不畏懼，也不刻意趨炎附勢、百般討好，反而以泱泱大度，不疾不徐的議論言詞，回絕了齊宣王只爲求禮賢下士名聲的邀請。

即使站在眼前是王、是神，都只要彼此尊重就好，何須以誰爲尊？

知足之人，就不會爲外物所影響，也不會去欣羨別人得到的更多、更好。車子只是代步工具，沒車的人也可安步當車，條條大路通羅馬，可不是專給車走的，何必計較是不是好車呢？

能夠不以物質去衡量一切，物質就不會成爲影響你的元素之一。放開既定的思考框架，依據自己的眞心去定位價值、看待事物；不用去擠別人所謂的名校，不用去搶別人所謂的名牌包包，不用去住別人所謂的名牌地段……能這樣生活，眞的就能輕鬆得多了。

06

要明察局勢，也要發揮機智

我們一生之中，絕對閃不過所有打擊；當我們不幸被擊中時，哭和吼已經來不及了，還不如伸出手看看能抓住什麼好讓我們免於跌跤。

放鬆心情就不會杯弓蛇影

心病還要心藥醫，有的時候只是念頭一轉就能海闊天空，一切豁然開朗。想要過得快樂，就快別想那麼多吧！

凡事保持懷疑的態度，是相當科學的做法。但是，如果光是懷疑而不細心求證，小心久而久之會養成了疑心病，疑神疑鬼的日子可不是什麼愉悅的生活。

相信大家都聽過「杯弓蛇影」的故事吧，故事主角誤把映入酒杯中的弓影當做蛇，還因此嚇出了病來，後來才發現原來全是自己驚擾自己而已。

有一年夏天，縣令應郴請主簿（辦理文書事務的官員）杜宣來飲酒。

酒席設在廳堂裡，北牆上懸掛著一張紅色的弓，由於光線折射，酒杯中映入了弓的影子，杜宣看了，以為是一條蛇在酒杯中蠕動，頓時冷汗涔涔。

但縣令是他的上司，又特地請他來飲酒的，即使心中忌憚，卻不敢不飲，只好硬著頭皮喝了幾口。當僕人打算再斟時，他便連忙藉故推卻，起身告辭走了。

回到家裡，杜宣越來越疑心剛才飲下的是有蛇的酒，又感到隨酒入口的蛇在肚中蠕動，覺得胸腹部疼痛異常，難以忍受，吃飯、喝水都非常困難。

家裡人趕緊請大夫來診治，但是服了許多藥，病情還是不見好轉。

過了幾天，應郴有事到杜宣家中，問他怎麼會鬧病的，杜宣便講了那天飲酒時酒杯中有蛇的事。應郴安慰他幾句，就回家了；回到家裡，他坐在廳堂裡反覆回憶和思考，弄不明白杜宣酒杯裡怎麼會有蛇的。

突然，北牆上的那張紅色的弓引起了他的注意。他立即坐在那天杜宣坐的位置上，取來一杯酒，也放在原來的位置上，結果發現，酒杯中有弓的影子，不細細觀看，確實像是一條蛇在蠕動。

應郴馬上命人用馬車把杜宣接來，讓他坐在原位上，叫他仔細觀看酒杯裡的影子，並說：「你說的杯中的蛇，不過是牆上那張弓的倒影罷了，沒有其他什麼怪東西。現在你可以放心了！」

杜宣弄清原委後，疑慮立即消失，病也很快痊愈了。

鬧笑話的杜宣發現問題卻不力求甚解，心情無法放鬆，反而會因爲事情纏繞心頭，而不斷受到困擾和影響。這個故事說明了，與其讓自己整天想個不停，什麼事都做不了，倒不如鼓起勇氣，去查明一切眞相，讓自己能夠安下心來。

鬼神等事物，因爲曖昧難明，難以捉摸，於是人們對鬼神一直是又敬又畏，遇上了常理難解的事，便以爲鬼神作祟而惶惶不安，到最後眞相大白，才發現自己其實是擔了無謂之心。

心病還要心藥醫，有的時候只是念頭一轉就能海闊天空，一切豁然開朗。

艾匹特培斯曾經說：「只有一條路可以通往快樂，就是停止擔心超乎我們意志力之外的事。」想要過得快樂，就快別想那麼多吧！再說，光想而不行動，再怎麼胡思亂想也只是浪費時間罷了。

融會貫通才能真正活用知識

只知墨守成規，不知因時制宜，靈活變通，那麼一旦事態有所變化，便打亂了應對的方向，而茫然不知所措，最後勢必無法竟功。

「知識，就是我們藉以飛上天堂的羽翼。」這是大文豪莎士比亞在《亨利六世》裡寫下的一句話。

學習與知識的累積，就像是我們爲生活與準備的工具，當我們準備得越充分，我們就更加能因應生活中的種種問題與考驗。然而，吸收知識不能囫圇吞棗，半口不嚼就這麼唏哩呼嚕地狂塞，既消化不了，也吸收不了。

法國作家蒙田這麼說：「憑藉他人的知識，可以成為學識淵博者，但除非靠自己的智慧，否則沒有辦法成為智者。」

如果不能自己深入去體會，深入去了解，將客觀取得的外在知識轉化爲自我主觀內在的智慧，那麼學到的東西永遠不知爲何而學，也不知到底有何用處，臨到用時又無法派上用場，說到底也不過是浪費時間罷了。

這就好像《薔薇園》的作者薩迪所說的：「無論你腹中有多少知識，假如不用便是一無所知。」

既然花時間學了，爲什麼不學個徹底、學個精通，如果只知道一味地將書中知識塡塞進腦子裡，而不知道靈活變通、生活應用，倒不如不學省得費事。

春秋時秦國人孫陽，相傳是中國古代最著名的相馬專家，據說他單瞧上一眼就能看出一匹馬的好壞。

因此，大家都以傳說專責管理天上馬匹的神祇伯樂之名來尊稱他。

據說，伯樂把自己豐富的識馬經驗，編寫成一本《相馬經》，內容詳細，加上多幅插圖，供人們作識馬的參考，稱得上是愛馬人士的最佳參考讀物。

伯樂有個兒子，資質不怎麼樣，卻也想找匹千里馬回來好出出鋒頭，於是，便

拿了父親所寫的《相馬經》來參考。

當他看到《相馬經》上說：「千里馬的主要特徵是，高腦門，大眼睛，蹄子像摞起來的酒麴塊」，便急著往外走去，想試試自己的眼力。

走了不遠，他看到一隻大癩蛤蟆，連忙捉回去告訴他父親說：「我找到了一匹好馬，和你那本《相馬經》上說的差不多，只是蹄子不像摞起來的酒麴塊！」

伯樂看了看兒子手裡的大癩蛤蟆，不由感到又好笑又好氣，只好幽默地說：「兒子，這『馬』雖然愛跳，可是卻沒辦法騎呀！」

伯樂這位相馬專家本想將自己對馬的見解、識馬經驗留傳下來，希望得以讓更多人識得千里馬，不至於再見有資質的千里馬受到驥服鹽車的待遇。但是，沒想到他的兒子，卻只知呆呆地對照著書，一點也不詳加思考，結果想找千里馬，卻找回一隻癩蛤蟆，徒留笑柄。

法國文學大師蒙田在《隨筆》說：「植物會因為太多水而溺死，燈會因為太多油而窒息，同樣的，人的思想會因為裝滿紛亂的東西而理不出頭緒，因而壓得彎腰駝背、枯萎乾癟。」

死讀書，讀死書，讀書死。不知融會貫通，就算盡讀群書，也無法將書頁上的文字轉化爲思想。所謂「學而不思則殆」就是這個道理，光是吞塞知識而不加以思考，就好像危險隨伺在身旁一樣。伯樂的兒子只不過是被父親嘲笑，雖然這個笑話還流傳至今，但是這還不算淒慘，若是將知識應用到不正當之處，說不定自危危人。此外，錯誤的知識更可能比沒知識還要來得可怕。

潛能開發專家馬克斯威爾認爲：「獲得知識的本身是消極的，體驗知識才是積極的。」他認爲，唯有我們能將知識內化成自身的智慧，進而成爲生活中的體驗，我們才算是學得了知識，也才能加以應用與變化，進而發展出新的知識。

然而，若是事事只知墨守成規，不知因時制宜，靈活變通，那麼一旦事態有所變化，便打亂了應對的方向，而茫然不知所措，最後勢必無法竟功。

再遠的路也要順著自己的步調前進

急著放棄，就等於是遠離成功，因為在成功的旗幟尚未出現之前，你就提前轉彎了，背離了方向，如何到得了目的地？

你曾經爲自己的未來感到迷惑嗎？做著日復一日的工作，越來越不清楚周遭的一切到底存有什麼樣的意義，於是開始覺得徬徨，於是開始感到煩躁。

要去如何定義人生的意義，每個人可能都有不一樣的看法。但是我相信，每一個人都有其存在的價值，就看我們是否曾經認眞努力地去活過每一分鐘；我也相信，當我們在生命的盡頭回首，那些人生中曾有的努力就會像遠處看去被陽光照耀的每扇明窗，晶光閃亮，那就是人生存在的價值。

或許當我們一步一腳印勉力前行的時候，我們就是在建立我們存在的價值。

孟子是中國戰國時代極為著名的思想家，也是偉大的教育家。

有一次孟子的學生對老師提出自己的困惑，認為自己學得太慢了，不知道要到何年何月才能盡用所學，有所成就。

孟子並沒有直接回答他，反倒是說了個譬喻故事。

孟子說，宋國有一個農夫，老擔心自己田裡的禾苗怎麼長不高，就天天到田邊去看。可是，一天、兩天、三天，禾苗好像一點兒也沒有往上長。他在田邊焦急地轉來轉去，自言自語地說：「我得想辦法幫它們才行。」

一天，他終於想出了辦法，急忙奔到田裡，捲高了衣袖，把禾苗一棵棵地往上拔高一大截，從早上一直忙到太陽落山，弄得精疲力盡。

他回到家裡，十分疲勞，氣喘吁吁地對家人邀功說：「今天可把我累壞了！力氣總算沒白費，有我的幫忙，禾苗都足足長高了一大截。」

他的兒子聽了，急忙跑到田裡一看，果不出其然，禾苗全都枯死了。

孟子之所以會借用這個故事，就是為了向他的學生們說明：「違反事物發展的客觀規律而主觀地急躁冒進，反而會把事情弄糟。」

我們往往太急，急著想知道答案，急著想明白道理，急著想得到結果。但是，很多事是急不得的。操之過急，毫無耐性，如果因此打亂了步調壞了事，豈不是就像故事裡的農夫一樣蠢嗎？

就好像我們一進入工作環境中，往往急著想有所表現，急著想被看重，但事情發展卻常常不如己願。如果事情不夠順遂，不但未被看重或賦予大任，或者必須從基層做起，甚至幫忙雜務等等，就很容易喪失信心。不只喪失對工作遠景的信心，也喪失對自己未來的信心，倦怠感便會油然而生。

急著放棄，就等於是遠離成功，因爲在成功的旗幟尚未出現之前，你就提前轉彎了，背離了方向，如何到得了目的地？

凡事不可能一步登天，唯有一個步驟一個步驟順序完成，才有可能累積一定的成就。每一個人的未來都是由過去到今天的一切累積而成的。想要蓋一棟通天大廈，第一步就是要先向下打妥地基，操之過急，妄想一蹴可幾，是不可能會成功的。

就好像跑馬拉松一樣，一開始衝得最快的人，可能就是最先體力不支而被淘汰的人，何不按照自己的步調來調節，那麼再遠的距離也到得了。

有時候，路上長滿了芒草，遮去了前人留下的道路，看不到前方的目標；但是不要緊張，不要焦慮，一步一步來，撥開迷霧與障礙，走著走著自然就能柳暗花明又一村了。

二十世紀的法國作家聖．伊格裘貝里這麼說過：「人生並沒有所謂的解決辦法，有的只是前進的力量。只要能確實發揮這種力量，自然會有解決的辦法。」

能抱持這樣的想法，就不會好高騖遠，專注腳下，定能執著地走出一條路來。

要明察局勢，也要發揮機智

我們一生之中，絕對閃不過所有打擊；當我們不幸被擊中時，哭和吼已經來不及了，還不如伸出手看看能抓住什麼好讓我們免於跌跤。

想要成功，或許不應該不擇手段，但是事實證明，一個決心不放棄任何機會的人，成功的機率總是比別人來得多一些。

人生總不可能時時順利、刻刻順心，難免會遇上困境與難題，唯有懂得不放棄機會的人，才能懷抱著希望找到出路。

史記裡面曾經記載過一號人物，這個人名叫鄒陽，以文采和好辯出名。鄒陽原本在吳王劉濞門下當官，但後來吳王執意起兵造反，他見劉濞固執己見，苦勸不聽，便和枚乘等人一起離開了。

後來，鄒陽改投梁孝王門下，七國之亂平定之後，梁孝王權勢漸強，鄒陽也頗受重用，但是有一次鄒陽因為受人誣陷，竟然被關進監牢，準備處死。

鄒陽十分激憤，他在獄中給梁孝王寫了一封信，信中毫不客氣地罵道：「原來待人真誠就不會被人懷疑的說法，純粹是一句空話。」

他還寫道：「荊軻冒死為燕太子丹去行刺秦始皇，可是太子丹還一度懷疑他膽小畏懼，不敢立即出發！卞和將寶玉獻給楚王，可是楚王硬說他犯了欺君之罪，下令砍掉他的腳。李斯盡力輔助秦始皇執政，使秦國富強，結果被秦二世處死。所以難怪諺語會說：『有白頭如新，傾蓋如故。』原來如果雙方相互不瞭解，即使交往一輩子，頭髮都白了，也還是像剛認識時一樣；真正相互瞭解，即使是初交，也會像老朋友一樣。」

梁孝王讀了鄒陽的信後，相當震撼，立刻命人查明鄒陽案件。後來發現，鄒陽果然是被誣陷的，便下令立即把他釋放，並引為貴賓接待。

如果未曾真心想要去瞭解對方，不肯敞心相對，那麼即使有緣相處再長的時間，怕也如同陌生人般對面不識，難有任何交集，這就是用心與否的差別。

鄒陽抓住梁孝王的心理弱點，藉由「白頭如新，傾蓋如故」這句俗諺來埋怨他，意謂兩者相交，唯有彼此真心對待，才算是真正的交情。如果只有單方面的付出，一味忠誠，就如同荊軻、卞和、李斯一般，即使相交多年，自許肝膽相照，還不是如同陌生人一樣，遭受君王猜疑，那麼忠誠又有何用呢？

梁孝王自知自己行事有誤，不曾真心去瞭解屬下的付出與盡心盡力，因此才令奸佞有機可趁，孤立為自己盡忠的臣子，所以才很快地查明真相，釋放了鄒陽，並真心以禮相待。

看完了故事，大家應該也能感覺得到，鄒陽確實是一位既懂得察明局勢又懂得把握時機的聰明人。

他能夠看清吳王起兵之舉的不正當性，因此適時提出了建議，希望導正領導人偏差的路線。當他發現領導人執迷不悟時，也能當機立斷，離開毫無作爲甚至轉趨危險的環境。正因爲他的機智與果斷，才得以順利轉危爲安。

災難和困境隨時都有可能出現，倘若規避不開，也只好硬著頭皮去面對了。雖然身陷囹圄，但鄒陽並未心生放棄，反倒是積極地尋求每一條生路。

想要活，就得梁王點頭；既然是被陷害，就表示不能循正常手段來解決，於是鄒陽決定直搗黃龍，直接攻入梁孝王的心防。

那一封《上梁王書》，寫來狂放至極，彷若絲毫不把梁孝王放在眼裡，字字句句裡流露出來的怨懟，令讀者讀來惴惴不安。

其實，這一招是「置之死地而後生」的絕妙好招。

反正已經被誣陷判刑，再糟糕也不過死亡，既然這樣，乾脆傾盡全力做最後一擊。鄒陽以自己的生命和對梁孝王的了解作爲賭注，而這一把他賭贏了。禮賢下士、好交朋友的梁孝王果然立刻重視這個案件，讓鄒陽得以逃過了一劫。

我們一生之中，絕對閃不過所有打擊；當我們不幸被擊中時，哭和吼已經來不及了，還不如伸出手看看能抓住什麼好讓我們免於跌跤。

紙上談兵也要親自練兵

天時地利隨時可能發生不同的變化，都沒有辦法用同樣的陣式去應付，應該要有隨機應變的能力，才能在當下立刻做出決斷。

管理學裡面有一個說法：「事必躬親這個原則，對管理工作危害極大。」

這句話的意思很明白，就是身爲領導者，並不需要親力親爲，而是要能派任適當的人才去執行適當的任務，這才是領導人的工作。

深諳管理藝術的激勵大師卡內基也說：「任何真有發號施令的能力的人，從來不肯為了瑣碎的事情而煩勞。他僅僅擬定妥善的計劃，選擇適當的助手，分頭去做，獲得成功。」

換句話說，一名優秀的領導者，是要懂得妥善計劃，選賢與能、充分授權，才能藉由衆人之力共同得到成功。

然而，在成爲一個領導人之前，是應該先下一番苦功的。這是因爲，如果不曾針對領導領域全盤了解，就不能明白每一個環結所需要的能力與所可能面對的問題，那麼當然也不能規劃出妥善的計劃。而計劃規劃出來了，也沒有辦法派任適當的人選去完成，任務如何能成功呢？

有些經理人專走學院派，頂著各種顯赫的頭銜，卻沒有實戰經驗，說起話來頭頭是道，策略計劃寫來洋洋灑灑，但是其實一招也做不出來。

「筆下雖有千言，胸中實無一策」，這樣的情況是相當危險的，事情不成功，錢財虧損也就算了，自身學藝不精而受害也算了，如果沒有處理好，說不定得賠上許多人的身家性命。

這不是危言聳聽，而是有歷史依據的。

戰國末年，趙國有一位大將軍名叫趙奢，為趙國立下不少汗馬功勞，打過不少勝仗。趙奢的兒子趙括也從年輕的時候起就開始學習兵法，談論起軍事來，認為天下沒有誰能抵得上他。

大家也都認為他英雄出少年，將來一定不可一世，承襲乃父之風。

雖然大家都看好趙括，但趙奢自己卻不這麼想。

他曾經與趙括一起談論用兵之道，只見趙括講得頭頭是道，趙奢雖然辯不過他，但是心裡並不認為他的想法可行。

趙奢的妻子不明白丈夫為什麼不支持兒子的看法。

趙奢回答說：「戰爭是要死人的，可是他卻說得如此輕易。趙國不用他當將官也就罷了，如果用他當將官，他一定會讓趙國吃敗仗。」

趙孝成王即位之後，秦國與趙國發生戰爭，秦軍由白起掛帥，趙國派出廉頗應戰，兩軍在長平對壘，僵持不下。這時趙奢已經去世，趙王聽信了秦國間諜的謠言，堅持要以趙括替代原本的將軍廉頗。

趙括的母親知道了這件事，上書給趙王說：「不能派趙括當將軍領兵作戰。」

趙王問：「為什麼？」

趙母回答：「當初我服事他父親，那時趙奢正當大將，但是仍親自招待幾十個人吃喝，結交了數百位朋友，不論大王或王族賞賜了什麼，一定會分給軍官和僚屬，而且從受命的那一天起，就不管私事，只專心公務。但是，趙括不過剛當上將軍，就盛氣凌人，下屬沒一個敢抬頭看他，他不念公事，只知道怎麼保有錢財，增加財富。像這樣的人和他父親一點也不相同，請大王千萬不要派他領軍出征。」

可是，趙王並沒有接受趙母的建議，仍將四十萬大軍交由趙括統領。

秦將白起見反間計得逞，先讓大軍假裝敗走，引來趙括乘勝追擊，結果趙國四十萬大軍就這麼落入秦軍的陷阱之中，被困斷糧四十多天，全軍或戰死或餓死或投降活埋，全數盡滅。

這便堪稱史上傷亡最為慘烈的「長平之役」，而趙國也差點因此亡國。

另外一個慘痛的教訓發生在三國時代。

當時，馬謖是蜀漢的將領，與哥哥馬良，都在劉備手下任官。馬謖特別愛好談論軍事，丞相諸葛亮很看重他，但是劉備總覺得馬謖太喜歡高談闊論，說起話來總是不太踏實。

劉備臨死前，曾經對諸葛亮說：「馬謖此人言語浮誇，超過他的實際能力，不可重用。丞相要留意才是！」

後來，諸葛亮率軍伐魏，派遣馬謖駐守戰略要地街亭，馬謖果然用兵不當，結果失了街亭，蜀漢伐魏的任務也因此失敗。

馬謖的作戰經驗不足，但說起話來卻頭頭是道，乍聽之下可能以為他實力堅強，對於兩軍對陣好像很有心得，可是真正要他領兵作戰，卻如繡花枕頭般不堪一擊，中看不中用。

所以，他雖然受到諸葛亮重用，肩負大任，卻沒有辦法完成守城任務。敗戰後，諸葛亮向後主劉禪上表請罪，主動要求免去丞相職務，降級三等，以處罰自己用人不當，但儘管如此蜀漢國勢已無可挽回的餘地。

「一將功成萬骨枯」，那麼一將戰敗，又是要由多少軍民百姓來陪葬呢？身為將軍，所有的兵士的生命都在他的手裡，只要有一絲差錯，都可能全盤皆輸，帶來大量的傷亡，如何能不小心謹慎？

紙上當然能談兵，談的是主要方向，設想各種應變方案，然而實際上陣，並不一定會照著預想的方向走，天時地利隨時可能發生不同的變化，都沒有辦法用同樣的陣式去應付，應該要有隨機應變的能力，才能在當下立刻做出決斷。

不管什麼事用講的都很容易，眞的要去做才會發現其實不見得容易。如果不曾實地去了解，就不能體會出身在其中的感受。

套句列寧所說過的話：「要管理就要內行，就要精通生產的一切條件，就要懂得現代高度的生產技術，就要有一定的科學修養。」

如果了解在放在表面，未免太沒有深度了，沒有實戰經驗，說得再多也缺了那麼一點說服力。要成爲一名優秀的經理人、管理者，就別光只會待在辦公室裡了，唯有走出來實際了解每一個環節，才能夠達到眞正的全面管理。

何必隨著傻瓜鬧笑話？

無知的人總以為他所知道的事情很重要，應該見人就講。換句話說，越是無知的人，越不懂得如何掩飾自己的無知。

俄國著名的劇作家克雷洛夫說：「蠢才妄自專大。他自鳴得意的，正好是受人譏笑奚落的短處。」

有時候，人自以爲自己聰明，結果其實鬧了笑話還不自知。

有一次，明代詩人梅之煥來到采石磯這個名勝地憑弔李白。傳說詩仙李白晚年遊覽采石江時，見水中之月，清澈透明，竟探身去捉，不幸墜江而歿。

由於李白曾經在此地留下過足跡，因此傳說紛起，也留下了不少名勝，如李白墓、謫仙樓、捉月亭……等等，采石磯也成了旅遊勝地。

這天，梅之煥來到采石磯旁的李白墓，一看簡直不敢相信，磯上、墓上，舉凡墓前可以寫字的地方，都被人留下詩句，那些寫文章狗屁不通，卻想冒充風雅的遊人，竟在被稱為「詩仙」李白的墓上胡謅亂題！

梅之煥心中越想越不是滋味，感慨之餘，揮筆題了一首詩：

「采石江邊一堆土，李白之名高千古；來來往往一首詩，魯班門前弄大斧。」

魯班，又名魯般、公輸般，秦秋時代魯國（今山東曲阜）人，傳說是位能工巧匠，善於雕刻與建築，技藝舉世無雙，人們一直把他看做是木匠的祖師爺。

魯班的工匠技藝名流千古，以他為目標的工匠多如過江之鯽，但是能比得上他的成就的人，卻少之又少。

有名工匠，做了把自己滿意的作品，就自認為拼得過魯班的技術，跑到魯班門前大肆炫耀，然而旁人一看，兩者手藝差之千里，便笑他不自量力。

梅之煥也是如此認為，大家都明白李白詩文過人，文采之高凡人難及，但卻有那麼多的人為了附庸風雅，而將自己拙劣的詩句題寫在李白的墓上，不僅破壞了周邊的景觀，詩句亦難登大雅之堂，於是他才題了這麼一詩來譏諷那些不自量力、自以為會作詩的遊人，是「魯班門前弄大斧」。

盧梭曾經在《愛彌兒》一書中，很不客氣地這麼說：「無知的人總以為他所知道的事情很重要，應該見人就講。」

換句話說，越是無知的人，越不懂得如何掩飾自己的無知。

莎士比亞更不客氣，在《愛的徒勞》劇本中說道：「愚人的蠢事算不得稀奇，聰明人的蠢事才叫人笑痛肚皮，因為他用全副本領證明自己的愚笨。」

梅之煥雖然文采勝過那些附庸風雅的人，但是他不也和他們一樣犯了大錯？因爲他也一樣揮筆題詩，在牆上寫字。總不能說自認爲文采好的人才能寫，那麼又有誰會承認自己的文采不好？覺得自己文采不好的人就不會寫了。

寫到這裡，就不禁讓人想起一個笑話。

有個人看不慣大家在牆面上塗鴉亂寫，於是抽了個空，找來了油漆將整面牆重新粉刷一遍，白淨的牆面，看起來果然整潔多了。他爲了怕人再來亂寫塗鴉，於是在白色的牆壁邊上寫下一句話：「此處不准寫。」

沒想到，他第二天再來看，牆上竟多了一行字：「為何你先寫？」讓他氣得不得了，掉頭就走，打算回家再找瓶漆來把那行字擦掉。

當他再回到這面牆邊，又氣又怒，驚訝得不敢置信，因為在那兩行字之後，不知誰又多事寫下：「他寫由他寫，大家一起寫！」

結果，整面牆又變成了令人眼花撩亂的塗鴉畫布了。

這就是心理學上所謂的「破窗效應」，當其中一扇被打破了沒有馬上修理，沒多久整排窗戶可能都會破得一扇不留。

整面潔白無瑕的牆壁，沒有人願意當第一個污損它的人，因此可以維持原貌頗長一段時間。但是如果有了一絲污漬，沒多久就會擴散到了整個牆面。這是因為人們會有瑕疵品不值珍惜的錯覺，心存反正多我一個沒差，少我一個無損的態度；當每個人都這麼想的時候，周遭環境可能已被毀損了一大半了。

盡信人言不如親身體驗

識人不只要聽其言，更要觀其行，才能真正了解對方。一定要進一步查明了真相，才不致於妄下判斷。

有一種職業，名叫「顧問」，這種工作的內容可說是千變萬化。教人化妝美容的，可以稱爲「彩妝顧問」，也可以叫做「美容顧問」；教人炒股票的，被稱爲「投資顧問」，教人夫妻和諧、家庭幸福的，叫做「婚姻顧問」……

這些「顧問」，彼此間只有一個共通點，就是「賣弄知識」，然後等你把錢送進他們的口袋。

當你迷惑的時候，有人可以問問，是件不錯的事。不過，別忘了，他們再怎麼「顧」、怎麼「問」，都只能提供他們的意見給我們參考，眞正要執行的人還是自己。所以，我們常常見到有人聽了投資顧問的建議買股票，結果慘遭套牢，傾家蕩產，氣得要提告，但是除非你能證明那名投資顧問是以不正當的手段脅逼你投資，否則通常拿他沒有什麼辦法。誰教拿錢出來買的人是你自己呢？

這個例子告訴我們一個道理，「百聞不如一見」，如果不是自己真正花功夫深入去了解，就算別人說得天花亂墜，也千萬不要輕易驟下決定。

西漢宣帝時代，羌人入侵邊界，沿途不斷攻城奪地，騷擾百姓，燒殺搶掠；邊境官吏抵擋不住，連忙快馬入京請求朝廷協助。

宣帝聽了，立刻召集群臣共議，看看要如何解決這個邊境大患。朝臣提議即刻發兵邊境，將羌人勢力逐出中原，宣帝也贊同這個方法，不過該由誰來領兵出征，讓宣帝傷透了腦筋。

這時，有個人站了出來。這個人就是曾在邊疆與羌人打過幾十年交道的七十六歲老將趙充國，他自動請纓表示願意擔當重任。宣帝自然同意了，但是當宣帝問他需要調派多少兵馬時，他卻回答：「聽別人說過一百次，還不如親眼一見來得正確。

用兵的道理是無法在天外算計的，我希望能親自到邊境查探情況虛實，擬定攻守計劃與作戰圖，等一切完備後再向陛下秉奏。」

宣帝決定交由趙充國全權負責，於是，趙充國便帶領一小隊人馬即刻出發。當他們越過黃河之後，便遇上了一小隊羌人胡騎，趙充國當機立斷，立刻下令截擊。由於事出突然，羌人防備不及，隊伍潰散，被捉了不少俘虜。漢軍士氣大振，正準備趁勝追擊的時候，卻被趙充國阻止。

趙充國說：「我軍長途跋涉到這裡，要保存實力，莫要遠追，否則一旦遇到敵兵伏擊，恐怕就會吃上大虧。」

於是，軍士們聽了也都隱忍了下來，暗中佩服老將軍老當益壯，見識過人。

就這樣，趙充國一邊隨軍觀察地勢，一邊從俘虜口中套出敵人狀況，了解敵軍部署，最後終於擬定了屯兵鎮守、整治邊境、分化羌人部族等策略上奏朝廷。由於趙充國的行事準備充分，判斷時勢正確，策略安排妥切適宜，後來，漢軍果然成功瓦解羌人勢力，從此安定西北邊疆。

所謂聽聞不如眼見，這是因爲光是聽到別人口中傳來傳去，進而胡思亂想，妄加揣測，依然都不是眞的，只是未加證實的傳言。

唯有自己親眼所見，才是最爲可靠的。

當然，人的眼睛難免會受到蒙蔽，有時就算親眼見到，也未必全看了清楚，想要面面俱到，仍會有所誤差。也就是因爲我們的五官有著如此的缺憾，我們更應該小心謹愼，凡事必須仔細觀察，加以查證之後，才下判斷，便能減少失誤。特別是在需要我們下定決策的時候，更要把握這個處事的重點原則。

盧梭說過：「要認識人，就必須從他們的行為中去認識他們。」

因此，識人不只要聽其言，更要觀其行，才能眞正了解對方。對於漫天紛飛的流言蜚語更是要抱持「姑妄聽之，切莫盡信」的態度，進一步查明眞相，才不致於妄下判斷。

適當的包裝才能突顯完美

選定了目標，就要從目標的角度去思量，而不要過度旁生枝節，如此才不會分散了注意力，也才能夠全神貫注地朝目標衝刺。

「佛要金裝，人要衣裝」，這句話是告訴大家，外表裝扮合宜的重要性。因爲適當的包裝與修飾，可以顯輝藏拙，達到畫龍點睛的效果。

然而，包裝的幅度要拿捏妥當，如果加工過了頭，可能反而讓人看不出原本的樣貌，就失去了加分的意義了。

就好像女性化妝，輕抹些脂粉，既能增加氣色，又能突顯輪廓，展現出清雅秀麗的本質，但若是太過於貪心，這裡多幾抹顏色、那裡多幾畫深淺，這裡加一點、那裡加一點，一不小心就加成了大花臉了。

春秋時代，楚國有一個珠寶商人，經常往返於楚國和鄭國之間從事珠寶買賣生意。有一次，他得到了一批新的珠寶，可是又覺得這批珠寶的品質稍嫌差了點，很怕賣不出去，於是為了吸引顧客，他想出一個辦法。

首先，他挑選了一些上等的蘭木，做成許多式樣十分新穎的木匣，然後在匣子外面雕刻精緻的玫瑰花紋，四周還鑲嵌了許多彩色的羽毛，同時還用名貴的香料把匣子薰香。他心想，把珠寶放在這樣的匣子裡，光盒子就讓人感覺物超所值了，到時候大家一定會搶著買，他就可以好好地大賺一筆了。

於是，他做好了萬全準備，便滿懷希望動身到鄭國去了。

一到了鄭國，他立刻選了一條最熱鬧的街市大聲吆喝，果然不出所料，馬上有許多人圍攏過來欣賞、觀看，珠寶商看到客人這麼多，心中暗暗高興。

可是，後來他漸漸不安了起來，因為顧客們欣賞的是匣子的樣式以及裝飾的美麗，對於匣中的珠寶，卻毫不在意。

珠寶商急了，更加高聲地推銷匣子中的珠寶，可是顧客們感到興趣的仍舊只是那些匣子，甚至有人寧願出很高的價錢只買匣子，而要把珠寶無條件地還給那個珠寶商呢！這就是「買櫝還珠」的故事，也是做事本末倒置的最佳例證。

要賣珠寶，卻讓外盒奪去了珠寶的風采，真是最差勁的生意招數。這名楚國的商人花費了心思氣力製造外盒，卻反而讓珠寶失去其應有的價值。

爲人處事應該重視本質，宣傳的花招，外表的裝飾，只是爲了吸引別人注意，重要的還是要讓被吸引過來的人，發現事物本身的價值。

如果裝飾過於華麗，反而掩蓋了原本的風貌，就如同故事中的楚人一般，讓人分不清究竟是賣盒子還是賣珠寶了。

現代人有一個通病，就是過於重視外表，看見包裝得華麗光鮮的，難免就會眼睛爲之一亮。像現在的巧克力，都包裝得很漂亮，價錢也都很駭人，不過，買回家以後，卻發現巧克力吃起來只有普通的口感，完全感覺不到符合售價的價值。

遇到這樣的情況，消費者縱使只能自己生生悶氣罷了，但大家也不笨，被騙一次之後，絕對不可能再花錢買同樣的東西。想要永續經營的生意人就應該不會選擇這種「殺雞取卵」的招數。

托爾斯泰曾經如此說過：「利益，使一些人盲目，使另一些人眼明。一個精明的人，必須安排好自己的利益等級，使之井然有序。在我們同時急著做許多事情時，貪婪常常會擾亂這個次序，結果因為慾望太多，貪圖很不重要的東西，而使我們錯過了那些最重要的事情。」

就好像故事裡的珠寶商，他的珠寶雖然成色不夠美，但仍有其原有的價值水準，結果在過度包裝的比較之下，相對於盒子的精美，反而讓珠寶的價值更爲低落，自然無法受人青睞了。

做人做事也一樣，當我們選定了目標，就要從目標的角度去思量，而不要過度旁生枝節，如此才不會分散了注意力，也才能夠全神貫注地朝目標衝刺。

微笑種善因，歡喜收善果

相處貴在真誠，你待人家好，人家自然以禮回報，反之，你從不給予關心，別人當然也對你置之不理。

《名偵探柯南》或是《金田一少年事件簿》這類的偵探故事裡，總有個人會死或是被害，剛好被主角們遇上，不論再怎麼離奇的案件，經過主角一番抽絲剝繭之後，當然都能破解兇手的動機與手法。但是，有很多時候，故事中的死者並不一定是無辜的，而是生前種下了惡因，才結成了死於非命的惡果。

其實，不只在故事中如此，萬事萬物本來就都有其因果。人世間的道理其實很簡單，你怎麼給，別人怎麼還；換種說法，你怎樣待人，別人就怎樣待你。

戰國時代，有一年鄒國與魯國發生了戰爭。

鄒國吃了敗仗，死傷了不少將士，這樣的戰局結果令鄒穆公相當不高興，忍不住詢問孟子說：「在這次戰爭中，我手下的官吏一共被殺死了三十三個，可是老百姓卻沒有一個為他們去拼命的。他們眼看長官被殺，而不去營救，真是可恨得很。要殺了這些人嘛，他們人太多，殺也殺不完；要是不殺，卻又十分可恨，令人忿恨難平。您說該怎麼辦才好呢？」

孟子沒有直接回答，反而說：「記得有一年鬧災荒，年老體弱的百姓餓死在山溝荒野之中，壯年人外出逃荒的有千人之多，而大王的糧倉還是滿滿的，國庫也很充足，管錢糧的官員並不曾把這等嚴重的災情向您報告。他們是如此高高在上，絲毫不關心百姓的疾苦，而且惡意殘害百姓。」

孟子在回顧了這辛酸的往事後，接著又說：「您記得孔子的弟子曾子說過的話嗎?他說：『要警惕呀！你怎樣對待別人，別人也如何對待你。』如今百姓有了一個報復的機會，就要用同樣的手段來對待那些長官了。所以，請大王不要去責怪他們、懲罰他們。如果您能實行仁政，您的百姓就會愛護他們的長官，並且願意為他們獻出生命。」

相處貴在眞誠，你待人家好，人家自然以禮回報，反之，你從不給予關心，別人當然也對你置之不理。

治理國家更是如此，如果居於上位的人不能站在人民的立場爲人民著想，那麼人民一定也不會爲上位者著想，雙方一旦發生怨隙，累積下來的民怨，是足以推翻一個王朝的。這在歷史上歷歷可證，居上位者不得不謹愼，莫要出爾反爾，一旦失了民心，就難以再挽回了。

平常人跟人之間也一樣，與人爲善，善意待人，多半都能得到善意的對待。《小飛俠彼得潘》的作者詹姆斯．巴利便這麼說過：「帶來陽光照亮他人生命的人，自己也會沐浴在陽光下。」

當我們笑臉迎人，我們所得到的回應也將面帶微笑。

07

想要投機，就得隱藏動機

如果，幫助別人的目的就是希望對方能以某種形式來報答，那麼，這只不過是一種交易，既然是交易買賣，就不可能會有恩情存在。

想要投機，就得隱藏動機

如果，幫助別人的目的就是希望對方能以某種形式來報答，那麼，這只不過是一種交易，既然是交易買賣，就不可能會有恩情存在。

生意想要做得好有兩個原則：一個要懂得建立關係，一個要懂得利用機會。關係好、人脈廣，做起事來當然左右逢源；將市場分析得透徹，準備充分了，自然就能在適當的機會裡眼明手快地出手，只要能做到高出低進，獲利的機率當然就是比別人大得多。

所謂高進低出，就是在事物毫不起眼的時候小心投資，等候時機到來，原本毫無價值的東西說不定就能翻上好幾倍。

不只對事可以如此，對人也一樣，有時候在自己行有餘力的時候，當當別人的貴人，適時拉人一把、助上一臂之力，說不定日後就能得到意想不到的回饋。

當然，這樣的行動絕對不能把動機顯露出來，否則對方非但不會感謝你，反倒認爲你另有所圖，心底生了反感，這項投資就會變質了。

大家都知道，春秋時代齊國有個著名的宰相名叫管仲，他和鮑叔牙本來擁護不同的主公，最後由鮑叔牙擁護的公子小白得到王位，史稱齊桓公。齊桓公即位後，管仲就像敗軍之寇，後來由於鮑叔牙不斷推薦，才讓管仲得到宰相的職位，歷史上多對鮑叔牙的識人之明極爲讚頌，還以管鮑之交來形容兩人深切的友誼。

但大家可能不知道，管仲在逃亡被抓之時，曾經有過一段這樣的經歷。

齊國發生內亂之後，國君連續被殺害，繼承順位落到齊襄公兩個弟弟身上，也就是身在魯國的公子糾和身在莒國的公子小白。

當時，兩人都急著回國繼承君位，管仲很清楚莒國距離齊國較近，為了不讓小白先回齊國，自己就先帶了一批人馬打算中途攔殺。沒想到，管仲失手，反而讓公子小白順利成為齊國的新國君，史稱齊桓公。

不知情的管仲還不慌不忙地回魯國要接公子糾回國繼位，因此引發了齊魯兩國展開了一場大戰。魯軍大敗的結果，公子糾被逼自殺身亡，而曾經「弒君未遂」的管仲也不得不被抓了起來，押送回國候審。

管仲被捆綁著，一路從魯國押往齊國，又饑又渴，吃了許多苦頭。來到綺烏這個地方時，他因為實在餓得受不了，不得已低聲下氣地請求守衛邊界的官員給點飯吃。

不料，那守邊界的官員送飯來時竟跪在地上，端飯給管仲，神情十分恭敬。等管仲吃好飯，官員私下問道：「如果您到齊國後，僥倖沒有被殺而得到任用，您將怎樣報答我？」

管仲整了整衣冠，正色地回答道：「要是真照你所說能得到任用，我將要任用賢人，使用能人，評賞有功的人。除此之外，我還能拿什麼報答您呢？」

看完故事，你可能會想，這管仲實在太臭屁了，救濟他飯吃還這麼高高在上，一副不可一世的模樣，實在太高傲了。

其實，問題就出在那位官員暗示得太明顯了，顯露了在管仲身上押寶的投機心理，縱使本來管仲心中充滿感激，可能也會因爲他的表現而輕蔑他的人格。

這位官員的舉止似乎暗示：「我這個援手不是隨便伸的，要看你日後要如何回報我才行。」

古語說：「施恩不望報」，其實大有學問，表面上是要人心存善念去助人，而不企望別人回報，但是大家別忘了，就是因爲「不望報」，受恩的人才會更加感動於心，覺得自己有機會一定要報答恩情。

古希臘哲學家德謨克利特說：「行善望報的人是不配稱行善者的，這稱號只配給那些只為行善而行善的人。」

如果，幫助別人的目的就是希望對方能以某種形式來報答，那麼，這並不是助人，只不過是一種交易。既然是交易買賣，就不可能會有恩情存在，那麼這樣的行爲就失去了原有的價值，當然也得不到日後的回報。

第一印象就是征服的力量

第一印象就是征服的力量，所以，想要成功打入某一個團體，首先就要懂得投其所好，運用得當的話，在第一印象上就佔了先機。

想要有成就，必須要先有機會做事；要先有機會做事，才有機會把事情做好。所以，想要在這個社會上佔有一席之地，第一件事就是要先樹立好自己良好的外在形象。這個外在形象並不單單指一個人的衣著打扮，而是包含了行事的氣勢、態度……等等的總體形象。

藉由這個形象，就可以確定你是不是能夠得到比別人更多的機會，是不是能夠得到別人更多的信任。

成功地爲自己樹立了良好的第一印象，就意謂著透過待人處世，在成功之路的起點，安置了一塊墊腳石。

除了外在的服裝打扮之外，氣勢也是一個重點。

有一個故事證明了，什麼是眞正的「輸人不輸陣」，不管大家的底細如何，至少在表面上絕對不輕易示弱。

春秋時代後期，吳國國勢已逐漸強盛，吳王夫差想要成為中原霸主，於是在西元前四八二年，帶領大軍來到衛國的黃池（今河南封丘西南），並邀約各國諸侯前來會盟，希望大家能推舉他為天下共主。

為了顯示吳國稱霸諸侯的實力，夫差在一夜之間便將帶來的三萬軍隊分成左、中、右三路，每路百行，每行百人，各擺成一個方陣，由他親自高舉斧鉞，以熊虎為旗號，指揮中軍前進。

中軍全體將士，全都身穿白色戰袍，披上白色鎧甲，打著白色旗幟，插起白色箭翎，遠遠望去，好像是在遍野盛開的一大片白花。

左軍一萬將士，一律身穿紅色戰袍，披上紅色鎧甲，打著紅色旗幟，插起紅色箭翎，望去好像一片熊熊烈火。

右軍則全用黑色，猶如一片在地上快速移動的烏雲。

三路大軍，一起開拔到會盟地點附近之後，隨即擺開陣勢。天剛微亮，吳王夫差便親自鳴金擊鼓發號施令，三萬人一齊大聲吶喊，那聲音簡直像天崩地裂一般，驚動了與會的各路諸侯。

見到吳軍軍容如此盛大，軍威如此整肅，各國諸侯都不敢和夫差相爭，不得不承認吳國為諸侯盟主。黃池之會，就在吳王夫差展示驚人氣勢的盛大軍容後，成功取得霸王的地位。

軍容整齊，同心一志，在氣勢上就已經能令對方震懾，不敢與之爭鋒。

吳王夫差為了確立自己足以擔任霸主的地位，特命軍士擺出整齊劃一的陣勢，果然達到預定的效果；當時春秋諸國多已逐漸式微，見到吳國軍威如此興盛，也都認同了他的霸主地位。

「敬人先敬羅衣」這句話在高級百貨公司的專櫃小姐身上，印證得最爲徹底。

彷彿只有打扮得像是上流社會人士的顧客，才能得到服務人員不一樣的對待；彷彿只有小費給得大方，才能看見服務人員的可掬笑臉。

當然，我們可以說這些人勢利，但是我們可曾想過，其實我們也是會對外表姣好、服裝儀容打扮得體的人另眼相待，總之，「以貌取人」就是一種人之常情。

第一印象就是征服的力量，所以，想要成功打入某個團體，首先就要懂得投其所好，運用得當的話，在第一印象上就佔了先機。

故事中的吳國軍隊就是最好的例子，誰不知道安排「黃池之會」，目的就是要宣告吳國國力足以成爲天下共主，如果吳國將士個個懶懶散散，陣形稀稀落落，那麼誰會認同吳國的實力呢？

當然，吳國是不是眞正強國，總是得打了仗才會知道，但是他們光是軍容就可以整飭得如此整齊，可見得軍令的嚴明不容置疑，自認爲國力不如人的國家，當然就不敢隨便地捋虎鬚，而吳國也達到原本的目的。

只是，裝飾了表面之後，千萬別忘了要充實裡子，就像美國總統喬治・華盛頓所說的：「對於一個明智和懂事的人而言，衣著的第一要求應永遠是得體和整潔。

適當地注意服飾是必要的，但這並不是說，如果一個人已經有了兩三件很好的衣服，只要流行的式樣稍有變化，就要做一件新上衣或其他衣服。一個熱衷於帶頭講時髦，或緊趕時髦的人，在明智的人看來，他除了經常更換衣服以外，就再沒有更好的東西能引起人們對他的注意了。」

當偽裝不幸遭人識破的時候，那就和赤身裸體沒什麼兩樣，丟臉可就丟大了。

小心來路不明的禮物

好處不會平白無故地從天上掉下來，當你接到來路不明的「贈禮」，還是小心為妙，否則，一時貪心，可能造成一輩子的遺憾。

現代人生意腦筋動得快，抓準了一般人貪財好利的天生弱點，不管是買東西還是申辦信用卡，只要購買到一定的額度，就可以參加抽獎或是兌換贈品，要不然填問卷、留資料也行得通。

許多人總會心想，不過塡個資料嘛，有什麼了不起，寫個姓名、住址就能夠換得贈品，何樂而不爲？

但是，不要忘了，生意人哪有盡做虧本生意的呢？很多人的電話住址就這麼變成一筆筆人頭資料，在黑市裡成爲待價而沽的商品，接著很多人就會不斷接到推銷廣告，更慘的是變成詐騙集團鎖定的對象。

總之，好處不會平白無故地從天上掉下來，當你接到來路不明的「贈禮」，還是小心爲妙，否則，一時貪心，可能造成一輩子的遺憾。

像戰國時代趙國的平原君，一時失察接受了韓國的獻地，不僅害了自己，更連累了他人，結果竟得讓趙國數十萬軍民陪葬。

戰國時期，趙國有一個名叫趙勝的貴族公子，十分賢能又有功於趙國，被封地在平原縣，因此他也被稱為平原君。他曾經被趙惠文王和孝成王拜為相國，雖曾遭三次被罷免，但也連續三次復職，在諸侯中頗有名氣，被譽為「戰國四公子」之一。

但是，英明睿智的平原君有時也無法看清時局，為眼前的小利蒙蔽，結果使趙國蒙受了重大的損失，差一點就喪國。

西元前二六二年，秦國大將白起帶領人馬攻打韓國。秦軍率先佔領了韓國領地野王（在今河南沁陽縣），由於野王被佔等於是切斷了韓國本土與上黨這塊領地之間的重要通道，上黨頓時成了一座孤島。

由於上黨位於韓趙交界，苦守上黨的郡守馮亭，心知接下來秦國對上黨肯定是勢在必得，於是對手下說：「眼看上黨就要守不住了，我們與其投降秦國還不如投降於趙國。趙國得到上黨後，秦國如不肯罷休，必定會將矛頭轉向趙國，趙國抵擋得住便罷，若抵擋不住，也必然會求助於韓國。趙韓兩國聯合起來的話，或許就抵擋得住秦國了。」

於是，打好如意算盤的馮亭便派人帶著上黨的地圖前去晉見趙孝成王，表示要將上黨之地獻給他。這時，平陽君趙豹認為無緣無故得到這塊地方，是禍不是福，最好不要接受。但平原君趙勝卻認為不費吹灰之力就能得到上黨的諸多城池，沒有什麼不好，應該欣然接受。

最後，趙孝成王聽了平原君的建議，派人接收上黨，並封馮亭為「華陽君」。這件事果然引起秦國的憤怒，於是派任白起為將，率領軍隊直接攻打趙國。

趙國的四十萬大軍不敵，被圍困在長平，最後被秦軍打得全軍覆沒，是春秋戰國史上最為慘烈的一場戰爭。

所謂「禮多必詐」，趙國平白無故得到上黨這塊秦國勢在必得的地方，無異惹禍上身，因爲秦國眼看就要到口的肥肉飛了，一定無法甘心，必然會伺機報復。

趙豹就是看出了這一點，才勸趙孝成王不要接受馮亭的獻城，可惜趙孝成王貪得眼前的利益，還是聽從了平原君的建議接收城池，果然引來了秦國猛烈的報復行動。像他們這般只見得眼前的利益，而不顧往後影響遠大的後果，的確利令智昏，導致趙國快速走向滅亡，也讓無數的平民百姓受到無故連累。

上黨這塊地，對趙國來說不過可有可無，但是接受與不接受的後果，卻是截然不同，足以讓我們心生警惕。

每一個人的每一個決定，其實都與其他人息息相關，特別是位居上位者。就好像趙孝成王身爲一國之君，決策時本來就應該分外謹慎，因爲牽一髮而動全身，雖然只是要不要接受獻地，看起來不過是一個小決定，但是這個決定一旦失算，受害的卻是趙國全國的百姓。

美國知名的鑽石礦商人湯米．文．斯科伊曾經這麼說：「你的所作所為將會影響其他人的生命。你贏，就會有人輸。因此，在你決定之前，想想它會如何影響你生活中的每一個人，找他們談談，聽聽他們的意見，試著理解他們的看法。這能使你做出明智的決定。」

所以，我們在做出決定的時候，必定得要多加小心謹慎。

最近就有一個例子，幾位年輕人出國旅遊，因爲貪圖小利而答應幫陌生人託運行李，結果不料那箱行李之中竟夾帶有毒品，不僅他們立刻被航警扣押，連帶整團旅客都被迫要進行檢查，不但錯過了班機，還差點回不了國門。

原本看起來無傷大雅、何樂而不爲的決定，到最後卻變成超級大麻煩，始料未及的結果，使得一趟好好的旅行因此蒙上陰影，實在得不償失。

有足夠的耐心才能美夢成真

當你有了足夠的耐心，有了吃苦的決心，有了堅持的毅力，那麼，你想要的夢想，才有可能經你的手進而變得真實。

有位哲人說過一句值得我們深思的話語：「一個人可以擁有一碗的知識，一桶的賢明，以及像大海一樣多的忍耐。」

很多事情都不是輕輕鬆鬆就能獲得的，如果沒有足夠的耐心，如何能順利克服成功之前的種種阻礙？

想要美夢成真，首先必須訓練自己的耐心。

張良，字子房，原本是韓國的公子，後來韓國被秦國所滅，他也因為在博浪沙行刺秦始皇未遂，只好逃到下邳這個地方，改名為張良，躲了起來。

有一天，張良來到下邳附近的圯水橋上散步，在橋上遇到一個穿褐色衣服的老人。那老人的一隻鞋掉在橋下，看到張良走來，便大聲吼叫道：「喂！小伙子！你替我去把鞋子撿起來！」

老人態度極不禮貌，張良心中雖然很不痛快，但看到對方年紀很大，不想與他爭論計較，便下橋把鞋撿了起來。

那老人見了，又對張良說：「來！給我穿上！」

張良見狀更加不高興，但轉念一想，自己連鞋都已拾起來，為他穿上也無妨，便恭敬地替老人穿上鞋。

豈料，老人站起身，一句感謝的話也沒說就轉身走了。

張良愣愣地望著老人的背影，只見那老人走了一段路後，突然返身回來，說：「你這小伙子很有出息，值得我指教。五天後的早上，請到橋上來見我。」

張良聽了這番話，連忙答應。

第五天早上，張良趕到橋上。老人已先到了，生氣地說：「跟老人家約定要會面，應該早點來才對。再過五天，早些來見我！」

又過了五天，張良起了個早，趕到橋上，不料老人又先到了。

老人說：「你又比我晚到，過五天再來。」

又過了五天，張良下決心這次一定比老人早到。於是，他剛過半夜就摸黑來到橋上等候。

天色濛濛轉亮時，他看到老人一步一挪地走上橋來，趕忙上前攙扶。

老人這才高興地說：「小伙子，你這樣才對！」

老人說著，拿出一部《太公兵法》交給張良，說：「你要下苦功鑽研這部書，鑽研透了，以後可以成為帝王的導師。」

張良再次對老人表示感謝，老人揚長而去。

後來，張良研讀《太公兵法》很有心得，也成了漢高祖劉邦手下的重要謀士，為劉邦建立漢朝立下了汗馬功勞。

張良雖然覺得老人無禮的要求很爲難，但本著敬老尊賢的心態，也不多加計較，還是一一完成了老人的要求。

老人故意態度惡劣，是爲了要測試張良心性是否能夠穩重鎮定，不妄下判斷，張良的表現令老人相當滿意，受到老人糾正過的，便決心改正不再犯，老人由此看出張良的資質及能耐得了苦的性格，才決定授他兵法。

做人做事也是如此，唯有能夠虛心受教、認眞學習，才能眞正瞭解別人所要傳達的知識和經驗，也才能有所獲得。

奧地利作家卡夫卡說：「忍耐是唯一真正可以使人的夢想變為真實的根本。」當你有了足夠的耐心，有了吃苦的決心，有了堅持的毅力，那麼，你想要的夢想，才有可能經你的手進而變得眞實。

等待機會不如尋找機會

如果我們手比別人短些，眼睛比別人鈍些，跳得又不高，機會怎麼也抓不著，那麼不如多花點力氣自己來創造一個機會吧！

法國作家拉羅什富科說：「要成為一個偉人，就應懂得利用所有的機會。」

這句話說明了把握機會的價值與重要性，懂得把握機會的人，就像是知道如何乘著浪頭風勢前行的風帆選手，不只能夠得到適當的助力，只要控制得當，還能因此先馳得點，比別人早一步成功。

可是，機會是不可能平白從天上掉下來，被砸中的機會更是渺茫，人們只得先出手，以求能得到更多的機會。

如果，你自認運氣不夠好，等了好大半天，機會都不來一個，那麼與其坐著枯等，還不如學學毛遂自己來找機會、創造機會。

西元前二五一年，秦國的軍隊包圍了趙國的都城邯鄲。趙王派遣相國平原君出使楚國，要求楚考烈王與趙國聯合起來抗擊秦國。

平原君打算從食客中挑出二十個有謀有勇的人，隨同他前往楚國。在他總算挑出十九人後，剩下的一個名額卻一直找不到合適人選。

這時，有位名叫毛遂的食客，向平原君自我推薦：「主上，聽說您要帶領二十人前往楚國，現在尚缺一人，請您讓我來湊滿數吧！」

平原君對毛遂的能力並不熟悉，便問他：「先生到我門下有幾年了？」

毛遂回答：「已有三年了。」

平原君聽了頗不以為然：「一個有本事的人在世上，就好比一把錐子裝進口袋內，馬上可以看到錐尖戳破口袋鑽出來。你來這裡三年了，我卻從未聽過有別人稱讚你的話，可見你其實一無所長，我想你不適合去，還是留下吧！」

但毛遂卻回答：「如果您早日將我放進口袋，那麼不僅是錐尖會鑽出口袋，恐怕整個錐子會像禾穗那樣挺出來呢！」

平原君說不過他，只好同意他隨同前往。途中，同行的人與毛遂交談過程中，漸漸發現他是個了不起的人物，都很欽佩他。原來，平時語不驚人、貌不出眾的毛遂，其實是個能言善辯的人。到了楚國之後，他和同行的談論起天下大事時頭頭是道，大家對他的學問和辯才也都佩服不已。

不料，平原君的磋商過程並不順利，楚王不願出兵聯合抗秦，兩人從早晨一直談到中午，還未談出結果，毛遂便自告奮勇上殿去看看情況。楚王聽說毛遂只是平原君門下的食客，便斥聲要他退下台去。

毛遂卻不慌不忙按著劍從容不迫地走上了台階，大聲說道：「大王之所以敢當眾叱責我，是因為楚國人多勢眾。但如今大王與我相距十步之內，楚國縱然強大，大王也倚仗不著，因為您的性命掌握在我毛遂手裡，楚軍再多也沒有用！」

楚王被毛遂突如其來的舉動嚇呆了。接著，毛遂義正詞嚴地從歷史到現實分析了楚、秦兩國的關係，說明趙國派使臣來締約聯合抗秦，乃是對趙、楚雙方都有好處，道理是如此清楚明白，楚國實在沒有理由反對。

楚王覺得毛遂說得有理，於是與平原君一起舉行締約儀式，答應聯合抗秦。就這樣，聯合抗秦的大事終於圓滿辦成。

平原君等人回到趙國後，一談起毛遂這次的功勞，不禁感慨萬分地說：「我今後再也不敢自恃能識別人才了。我鑑識過的人才，就算沒上千人，少說也有幾百人，自以為天下真有本事的人都逃不過我的眼睛，偏偏沒有看出毛遂先生的才幹。毛先生一到楚國，對楚王的那一席話，勝過了百萬雄師！」

從此，毛遂受到了平原君的重用，被奉為上賓。

英國實業家兼激勵大師史邁爾斯在《自助論》一書中說道：「如果良機不來，你就自創良機。」

美國鋼鐵大王安德魯·卡內基也引用《智慧的錦囊》裡的話說：「能把面前行走的機會抓住的人，十次有九次都會成功，但是懂得為自己製造機會，阻絕意外的人，每次都穩保成功。」

毛遂原本一直苦無機會發揮自己的才幹，但他並不因此喪氣，不斷磨練自己的學問與口才，所以當他終於有機會爲平原君效力的時候，便一舉讓大家知道他的眞才實學。

他很清楚知道自己的能力在何處，當然不願意甘於當個平凡食客，因此當機會出現，他便挺身而出，果然有了很好的表現，令人刮目相看。

他的口才極佳，善言能辯，是極爲優秀的外交人才，在楚國殿上，勇氣十足，反而以氣勢壓過在場衆人，條條有理地分析天下的局勢，不卑不亢地陳述平原君的來意，並分析楚國幫助趙國可獲得的好處，動搖楚王的心防，終於得以圓滿地達成了任務，也證實了自己的能力不是憑空吹嘘。

如果毛遂自始至終都在苦等平原君的青睞，那麼他可能從頭到尾都只是一名沒沒無聞的小食客，令周遭的人看輕。

如果我們手比別人短些，眼睛比別人鈍些，跳得又不高，機會怎麼也抓不著，那麼不如多花點力氣自己來創造一個機會吧！

下了命令就要徹底執行

領導者賞罰分明、態度公正、規則明確，那麼底下的人也很清楚知道自己該做什麼，以及該怎麼做。

明代教育家呂坤曾經寫過《小兒語》、《續小兒語》等書，都是很好的教養手冊。他曾經在《續小兒語》中寫過這麼一段文字，勸勉孩童做事不可馬虎毛躁，他說：「大凡做一件事，就要當一件事。若還苟且粗疏，定不成一件事。」

一個人能不能成功，可以從他做事的態度看出來，對於自己的事業認眞，別人就不致於會小覷你。反之，如果自己都表現得可有可無、隨隨便便，那麼誰會認眞地把你當一回事呢？

所以，想要成功，有一個重要的要素就是，你得表現出你的決心來。

春秋末年著名軍事家孫武，著有《孫子兵法》這冊總結戰爭經驗與軍事理論的兵書。吳王看了他的兵書十分欣賞，特地召他進宮，問他：「你寫的兵書我都看過了，不知能不能用宮中的女子來照章操練呢？」

吳王擺明了要考試，看看孫武是不是真如傳言中那麼厲害。

孫武二話不說，就回答道：「可以。」

於是，吳王把宮裡一百八十名女子集合起來交給孫武指揮，裡頭有宮女，也有嬪妃，一票女人嬉嬉笑笑好不熱鬧。

孫武直接把她們分成兩隊，然後命吳王兩個最寵愛的嬪妃各拿一支戟，擔任隊長，而後對一干女眷下令：「我叫前，妳們就看前面，叫左就看左手，叫右就看右手，叫後就看背後。」

交代清楚後，孫武即命令設下一套名叫鈇鉞的刑具，然後便擊鼓傳令。誰知，那些女子聽到命令，竟像玩遊戲一樣哈哈大笑。

孫武原本以為是自己沒有把命令交代清楚，於是又把號令再三說明，再度傳令。

誰知那些女子仍當做是在遊戲，非但不聽號令，依舊嘻嘻哈哈。這一下，孫子再也不原諒她們，下令將兩個隊長殺頭示眾。

吳王一見要斬自己的寵姬，就叫人傳令來求情，誰知孫武根本不為所動，仍然堅決將那兩名嬪妃斬首。隨後，另外指定兩個隊長，重新擊鼓傳令。這下子，隊伍中就再也沒人敢違抗命令，全部按照號令整齊地操練起來。

雖然吳王的寵姬被斬，但當他看到平日嬌生慣養的宮女都被孫武訓練得服服貼貼，明白孫武確實很有用兵的才能，便從此重用他，並使吳國成為春秋時的強國。

帶兵特別注重軍令如山，士兵對爲上級所下達的指令必定要絕對服從，否則部隊猶如多頭馬車，將無所適從。

法家主流韓非子說過：「誠有功則雖疏賤必賞，誠有過則雖近愛必誅。」強調唯有賞罰分明，以絕對公正和認眞來對待，才能讓衆人信服。

孫武受到吳王的命令訓練後宮妃嬪，但是古代未曾有過女子從軍，所以所有女子都不把它當一回事而不停嬉笑，孫武見嬪妃們屢勸不聽，決定殺雞儆猴，即使吳王親自求情也沒用。

軍令即下，就必須遵從，若有例外，將來如何服人？軍隊是為戰爭需求而設立的，關係到的是無數人的生死，當然不可玩笑。吳王自然知道這層道理，因而重用了孫武，將吳國的軍隊整治得十分壯大，成為謀圖霸業的一大利器。

身為領導者，若想要帶領整個團隊往前衝刺，首先要能以身作則，表現出個人的決心與毅力，那麼團隊裡的份子便能有樣可學，進而追隨；領導者賞罰分明、態度公正、規則明確，那麼底下的人也很清楚知道自己該做什麼，以及該怎麼做。

如此一來，每個人嚴守分際，在自己的位置上發揮最大效用，那麼整個團隊便能同心齊力，無事不能成。

正確的意見才能代表大多數人的意見

一個成功的領導者，除了懂得用人的權謀之外，最重要的一件事就是要具備良好的判斷能力，懂得觀察周遭變化趨勢，做出最正確的決定。

要成爲一個優秀的領導者，並不意謂著他必須是個全才人物，而是他要有領導者人的風格，並且懂得厚黑權謀。

根據管理大師彼得．派爾的說法：「一個好的領導者要具有追求真理的毅力，制定決策必須基於真憑實據，不可依據個人偏見行事。他必須是積極熱衷於創新。」

這個說法，強調領導者謀斷的本事，也就是說要懂得利用專家和參謀的集體智慧，從中判別最恰當的方法，做出正確決斷。只要謀得對，就能斷得好，也就能將整個團隊領導到更好的地方。

民主社會強調少數服從多數，但是少數與多數如何判斷？其實，決定權掌握在領導者手中，就看你如何解釋。

西元前五八五年，楚國發兵進攻鄭國，鄭軍寡不敵眾，因而向晉國求救，晉景公便派欒書率軍前去救援。欒書的軍隊一進入鄭國境內，很快就遇上楚軍，楚軍見晉軍來勢兇猛，唯恐不敵下令退兵。

但欒書不想就此收兵，便轉而攻打與楚國結盟的小國蔡國。蔡國趕緊派使者向楚國求救，楚國原本忌憚與晉國交戰，但接到蔡國求救又不能置之不理，只好派公子申和公子成各帶領自己所屬的軍隊前去救援。

看見退去的楚軍又返回，晉軍大將趙同和趙括便向主帥欒書請戰，欒書也同意了。但是，正當兩位大將準備領兵出戰時，欒書的部下智莊子、范文子、韓獻子上前阻止說：「楚軍退了又來必定更難對付。如果取勝，只不過是打敗楚國兩個縣的軍隊，不能以此為榮，而如果失敗就得蒙受恥辱，不如收兵回國比較好。」

欒書覺得三人說得有理，準備收兵回國。軍中有不少人對於欒書這樣決定，頗不以為然地說：「賢人與多數人有同樣的想法，辦事就能成功，您何不照多數人的想法辦事？您是主帥，輔佐您的十一人中，只有三人不主張打，可見想打的人佔多數。您為什麼不依多數人的想法行事？」

欒書回答：「正確的意見才能代表大多數。智莊子他們三位是晉國的賢人，他們所提的意見正確，便能代表大多數人，我採納他們的意見難道不對嗎？」

於是，欒書下令退兵回國。

兩年後欒書再度率兵攻伐了蔡國，本想再去攻打楚國，但知莊子、范文子、韓獻子等人又分析了當時的局勢與情況，建議欒書暫停攻打楚國，轉而攻打陳國。欒書聽從他們的建議，果然取得勝利。

領兵出征，關係到的不僅僅是戰事的成敗，身爲將領更應該將所有兵士的生死存亡放在心上，把握每個時機做出正確的決策，因爲所有兵士的性命都操控在自己手上。也因此，如何做出正確的判斷，指揮正確的戰略，是相當重要的。

欒書率領大軍作戰，身邊當然會有多位參謀爲他籌謀劃策，如何就目前的局勢判斷誰的建言最正確，是身為將軍的責任，他必須更加清楚自己所做的任何決定，將會影響到大局變化。當局者迷，旁觀者清，有時旁人的意見可以跳脫迷障，由另一個角度來思考，欒書選擇聽取智莊子等人的意見，是因爲他判斷他們所言是正確的，自然樂意採納。

能夠辨明什麼才是最重要的決策，是領導者責無旁貸的工作，正如羅曼．羅蘭所說：「一個人做了領袖，可沒有權利再有慈善心和軟耳朵。只能有眼睛和心靈，只能觀察、決定，然後毫不動搖地做應該做的事。」

如果你想成爲一個成功的領導者，那麼除了懂得用人的權謀之外，最重要的一件事就是要具備良好的判斷能力，懂得觀察周遭變化趨勢，聆聽整理分析他人的意見，然後在最適當的時候，做出最正確的決定。

大材小用是一種人才浪費

古來多少王朝滅亡，並不是他們的國家裡面沒有可用的人才，而是他們有著一個無能的領導者，盡是起用一些自私自利的傢伙。

有人說過，沒有賣不出去的東西，除非找了不會賣的人，可見對領導人而言，適才適性是多麼重要的事。

用人不當，不僅僅是所託非人而已，更是時間、人才、資源的多重浪費。大材小用，能力高的人卻不給他發揮才智的機會，是時間、人才的浪費；小材大用，能力低的人沒有辦法將器物的功能完全應用出來，導致效率低落，則是資源的浪費。

如果想要成爲一個好的領導者，首先就要懂得把握管理人才的要點，大材小用與小材大用這兩種都是管理大忌。

因此，領導者必須要特別注意各單位人才的選用，將合適的人安插在合適的位置，加上合情合理的管理原則，才能將成效完全地發揮出來。

南宋著名愛國詞人辛棄疾，童年時代父親就去世了，由祖父撫養成人，曾拜當時著名的田園詩人劉瞻為師。

當時，辛棄疾和黨懷英兩人稱得上是劉瞻最得意的學生。有一次，劉瞻問他們兩人：「孔子曾經要學生談各人的志向，我也來問問你們將來準備幹什麼？」

黨懷英回答說：「讀書為了做官，為了取得功名，光宗耀祖。我一定要到朝廷裡去做大官，如果做不了官，就回家隱居，學老師寫田園詩。」

劉瞻聽了連連稱好，認為他的志向高潔。但辛棄疾卻回答說：「我不想做官，我要用詩詞寫盡天下事，用劍殺盡天下賊！」

劉瞻聽了大吃一驚，要辛棄疾今後不要再說這樣荒唐的話。此後，辛棄疾和黨懷英兩人的生活有了截然不同的走向，辛棄疾投身抗金的民族戰場上，以愛國詞人著稱於世，黨懷英則投靠金人政權，成為金人的幫兇。

金人南侵後，辛棄疾組織兩千多人的隊伍在故鄉起義，後來又率領隊伍投奔濟南府耿京組織的起義軍。不久，起義軍接受朝廷任命，與朝廷的軍隊配合作戰，共同打擊南侵的金軍。

但由於主和派的排擠和打壓，辛棄疾後來曾長期閒居在江西上饒一帶，直到六十四歲時才被任命為紹興府知府兼浙江東路安撫使。

紹興西郊的三山是當時著名愛國詩人陸游的隱居處，陸游比辛棄疾大十五歲，他的愛國詩句早為辛棄疾敬仰，因此辛棄疾到任不久就去拜訪了這位前輩，兩人一起議論國家大事，大有相見恨晚之憾。

陸游聽了辛棄疾對形勢的分析和統一全國的理想，認為他是一個有才能的人，希望他能取得成功。

次年春天，宋寧宗降旨要辛棄疾前往京城臨安，以便徵詢他對北伐金國的意見，為了鼓勵辛棄疾發揮自己的才能，陸游特地寫了一首長詩贈予辛棄疾。詩中寫道，辛棄疾與古時著名的大政治家兼軍事家管仲、蕭何等人是同一流的人物，現在當浙江東路安撫使，實在是大材小用，鼓勵他為恢復中原而努力，千萬不要因為受到排擠不得志而介懷。

然而，南宋的國君並沒有充分運用自己家國的人才，反而卑躬屈膝，四處求和，國勢一蹶不振，最後終於被蒙古南侵所建的元朝所滅。六十七歲那年，辛棄疾這位始終遭大材小用的愛國英雄，終於在憂憤中去世。

南宋君主若能及早發現辛棄疾的才能與他矢志為國的決心，或許不致讓他因此抑鬱而終，南宋的國祚可能也不至於如此短暫。

日本著名的管理學者占部都美說：「所謂領導能力，是由『識別人』、『培育人』和『使用人』三個部分構成的實際工作能力。」

他還強調：「公正客觀地依照實際功績大小來識別人才，具有大膽起用人才的魄力，並且善於及時發現人才，是衡量一個人是否有現代能力的首要因素。」

可見善用人才是多麼重要的領導關鍵，身爲領導者卻不能辨別良才，或是把不適當的人放在不適當的位置，等於是乘了一輛裝備不良的拼裝車，恐怕還沒上路就要解體了，還談什麼衝刺呢？還談什麼目標呢？

同樣的，古來多少王朝滅亡，並不是他們的國家裡面沒有可用的人才，而是他們有著一個無能的領導者，盡是起用一些自私自利的傢伙。

假使，每個人都只爲私利近利的話，那麼又有誰會爲公爲國付出呢？又有誰會把國家存亡放在心上呢？

不過，覆巢之下豈有完卵？失根的蘭花豈能苟活？這恐怕是所有懷才不遇的人都應該深思的問題，就算目前不被重用，也要努力爭取出線的機遇。

得饒人處且饒人是一種寬容修養

有時候對付可惡的人，要懂得「得饒人處且饒人」，這不只是一種寬容的修養，也是一種勸人向善的作為。

這個世界上有好人也有壞人，我們當然應該要尊敬品德高尚、修養良好的好人，但並不代表我們就可以任意輕蔑污辱那些所謂的「壞人」。

《聖經》故事中，耶穌阻止眾人對一名妓女丟石頭，祂說：「自認爲自己從沒做過錯事的人，可以對她丟石頭。」結果，每個手拿石頭的人最後都把手放了下來。

人生在世，誰能無過呢？每個人難免都會有做錯事的時候，只是做得多與做得少的差別罷了，重要的是要有知錯能改的心意。

所謂「勸人向善」，之所以使用「勸」這個字眼，就是強調人的行爲是不會受外力脅迫而改變的，唯有自己打從心底想改變，才改變得了。所以，只能勸、只能教而不能「要」，因爲「要」只是一廂情願的想法，改不改還是對方自己的決定。

當有人做了壞事，一味地指責他卻無法令他心生悔改，那麼這個指責便是無用的。有句話說：「可憐之人必有可恨之處」，但回過頭想想，那可恨之人的所作所爲是不是也會有什麼難言之隱呢？

因此，有時候對付可惡的人，要懂得「得饒人處且饒人」，這不只是一種寬容的修養，也是一種勸人向善的作爲，因爲我們希望用善的力量來引出更多的善，最後達成我們希冀的目標。

要引發善心，第一步就是要以善的態度，引出對方的羞恥心，使他眞心悔悟自己的錯事，才有機會改錯爲正。

陳寔在漢桓帝時代，曾在太丘擔任太丘長，由於出身低微，一向很能體諒人民的疾苦，加上平時經常微服私訪探查，非常瞭解民情。

他的為人正直，居心公正，無論做什麼事都會先嚴格要求自己，以自己為鄉里表率，人們都尊稱他為「陳太丘」。

當時，農作物收成相當不好，人民的生活十分困難，鄉里間有些人因為日子實在過不下去，就鋌而走險做起偷雞摸狗的勾當。

有一天晚上，一個小偷溜進陳寔的家，躲在房樑上準備伺機行事。陳寔偶然間發現了樑上的小偷，但他並未下令捉拿，反而不動聲色將兒子、孫子都叫進房來，神情嚴肅地教訓說：「作為一個人，一定要時時刻刻不忘勉勵自己，才能有出息。有一些做壞事的人，其實他們的本質並不壞，只因為染上了壞習慣，又不知道要如何自己克服、努力改過，只一味地任其發展，於是養成了做壞事的習慣，成了壞人。你們抬起頭來，看看這位樑上君子吧，他就是這樣的人。」

樑上的小偷聽到後，感到非常慚愧，連忙爬下來，向陳寔叩頭認罪。

陳寔說道：「我看你的模樣並不像一個壞人，也許你有難言苦衷，但希望你要記住我剛才所說的話，從此學好，別再當小偷了。不然的話，你非但無法富有，反而會愈來愈窮困！」

他送給小偷兩匹絹，並派家人將他送回家。

這件事一時傳為佳話，鄉里的人都非常敬佩他，許多犯下壞事的人，在陳寔的教誨下，也紛紛改過自新。

亂世之中，人民生活困頓，無路可走之餘，便極有可能鋌而走險，犯下作奸犯科的錯事。陳寔深切地體會到民間的疾苦，所以當他發現躲藏於樑上的小偷時，並不想即刻揭穿他或命人將之逮捕，反倒是藉著這個例子教育兒孫，更給予那位小偷一個改過自新的機會。

唯有像陳寔這般眞正瞭解人民苦痛所在的官吏，才能思及如何爲民解厄的辦法，眞正爲民謀福利。

陳寔的做法，目的不在於羞辱與恥笑這名小偷，而是用體諒和同理心的態度來勸服，希望他不要一錯再錯。或許也正因爲他的不怪罪，反而讓做壞事的人覺得自慚形穢，因而決定棄惡揚善。

義大利有一句俗諺是這麼說的：「做好事比做壞事的代價低。」

這是說，雖然做好事不一定能讓我們見到立即的效果，但是做壞事卻可能會得付出驚人的代價。剛開始，或許眞的是逼不得已而鋌而走險，但是，隨著犯罪的頻率增加，罪惡感和羞恥心就會逐步淡去，對於壞事本身也習以爲常，自然是不覺得自己有什麼不對了。

嚴刑峻罰或許可以讓百姓忌憚，但是所謂苛政猛於虎，當難以生存時，再嚴苛的刑罰也無法阻斷人民的抗爭，只是治標不治本，還是要回歸問題的根源，才能眞正解決問題。

百姓之所以冒險犯法就是因爲執政者執意爲惡所造成的結果，沒有從根本解決，下一次還是會再作亂。畢竟，要讓那些壞人打從心底根除想做壞事的想法，才是根本的解決之道。

08

懂得說話，更要懂得聽話

人與人只要有利害衝突存在，就永遠無法平等。有求於人時，你可能會不惜委屈自己；別人有求於你的時候，你也可能會趁機故作姿態。

過於專注眼前，會忽略身後的危險

在職場上、在人生中，我們無法預測這些阻礙會從何而來，以何種形勢出現，只好分點注意力出來保持警覺心。

不知道大家有沒有發現一件事，那就是當你的視線專注在一個焦點上時，其實你的眼中是容不下任何其他事物的。正如同當你施出全力朝向正面攻擊的時候，其實你的兩側及背後是毫無防備的。

也就是說，當你專注於眼前的敵人，全神貫注地打算一擊奏效，這一擊的確是威力驚人，但你得先確定一件事：你真的只有一個敵人嗎？沒人躲在背後虎視眈眈想暗算你嗎？

從前有過這麼個卞莊子刺虎的故事。

有一次，卞莊子（或作館莊子）投宿一家旅店，突然看見兩隻老虎正撕咬一頭牛，便想拔劍去刺殺老虎。

這時，旅店的夥計卻勸阻他：「這兩隻老虎正在吃牛，吃得香必定要彼此爭食，爭著爭著就必然相鬥，相鬥的結果，必然是大虎受傷，小虎被鬥死。那時，你再去刺那隻受傷的虎，就可一舉將兩隻老虎殺死。」

卞莊子聽了覺得很有道理，就站著等兩虎相鬥。不一會兒，兩隻虎果然鬥咬了起來，結果小虎真的被咬死了，而大虎也同樣被咬得傷痕累累。卞莊子便舉劍向那隻負傷的大虎刺去，一舉立下了殲滅雙虎的功勞。

據說在戰國時期，有一回韓國和魏國兩國交戰了一年多仍未分勝負，地處西陲的秦惠王想出兵干涉，藉此得利，他便徵詢大臣們的意見。

朝上大臣眾說紛云，有的認為如此將對秦國有利，有的則說出兵對秦不利，反而讓秦惠王更加難以立下決斷。當時，楚國的說客陳軫正好出使秦國，秦惠王知道陳軫也是一位足智多謀的人物，便請他定出一個計策。

因此，陳軫向秦惠王說了卞莊子刺虎的故事。

陳軫講完故事，接著說：「今天，韓、魏兩國已交戰了一年多，將來必定是小國被滅，大國傷了元氣。到時候，大王您再討伐力量已被削弱的大國，就可一舉贏得兩國，這就如同莊子刺虎一樣啊！

秦惠王聽了大為讚賞，終於決定暫不出兵，坐山觀虎鬥。

後來有人便從這個故事中引出成語「兩敗俱傷」，來比喻鬥爭的雙方都受到了損傷。而「兩虎相鬥，必有一傷」，也用來比喻兩雄相爭，必定有一方力量將受到削弱，而成為有心人暗算的目標。

所謂「鷸蚌相爭，漁翁得利」，就是這個道理。當雙方埋頭苦鬥時，必定沒有辦法顧暇其他，最後縱有一方獲勝，氣力也耗去了一大半，此時若遭有心之士由背後伏擊，必然無力可擋。秦惠王即是掌握了這個優勢，打算不論韓魏孰勝孰敗都可予以個個擊破，坐收漁翁之利。

當我們以極近的距離來看事物時，視界將會變小變窄，那麼我們也就無法在狀況改變的同時，及時發現、及時反應。

只有將目光要放得更遠，我們才能隨時以眼角的餘光觀察左右，以及提防來自後方的暗算，防止任何意外發生；若有任何突發狀況，也才能即時應變。

在職場上、在人生中，我們會有自己的目標，當然也會有各種阻礙的人、事、物出現。我們無法預測這些阻礙會從何而來，以何種形勢出現，只好分點注意力出來保持警覺心，不是嗎？

守護了身側及背後，再猛力前攻，可能是比較安全的做法。

懂得說話，更要懂得聽話

人與人只要有利害衝突存在，就永遠無法平等。有求於人時，你可能會不惜委屈自己；別人有求於你的時候，你也可能會趁機故作姿態。

說話是一門藝術。說話得好，可不費吹灰之力達成自己的目的，說得不好，可就說不定會因此搞得灰頭土臉。

直言不諱雖然是一種誠實的表現，但是什麼話都不懂掩飾，既是直率也是輕率，難免會得罪了人而不自知，事情自然不一定能成功。所以，適度地吹捧是有必要的。然而，吹捧要有技巧，因爲吹得過頭會讓人一聽就覺得很虛假，反倒會有反效果，吹得不夠或根本吹錯了方向，則不容易達到目的。

韓非子說：「凡說之務，在知飾所說之所矜，而滅其所恥。」

意思就是說，說服他人的首要任務，就是在於要懂得將對方驕傲的事物裝飾得更爲華美，而完全不提會令對方羞愧的事。

這是一種攻心爲上的厚黑心理要領，吹捧對方驕傲的事物，可以讓對方感到興趣，同時慢慢打開心防。至於不提對方羞於啓齒的事物，則是表現一種尊重，不給對方有機會將心門關上，話語聽得入心，說服的機率便會大增。

既然懂得話該如何說，當然也要懂得話該如何聽。聽得出眞假，聽得出動機，才能不被人牽著鼻子走。

戰國時，齊國有一位大夫名叫鄒忌，人長得英俊挺拔，對自己的容貌也極有自信，相當引以為傲。

有一天早晨，他穿好朝服，戴好帽子，對著鏡子端詳一番，雖然自己覺得相當滿意，但還是問了問他的妻子說：「我和城北徐公比較起來，誰長得英俊？」

妻子說：「你看來英俊極了，徐公怎麼比得上你呢？」

徐公是齊國出了名的美男子，鄒忌聽了妻子的話，雖然心花怒放，但還是不太敢相信自己真的比徐公英俊，於是又去問他的愛妾。

想不到，愛妾也回答說：「徐公怎能比得上你呢？」

鄒忌半信半疑，倒也不是想反駁妻子和寵妾的答案，只是有點不確定罷了。

第二天，鄒忌家中來了一位客人，鄒忌在言談之間又問了客人同樣的問題，客人說：「徐公哪有你這樣俊美呀！」

鄒忌雖然心底還有一絲懷疑，但既然大家都這麼說，那麼應該不會有錯的了。

結果，沒過幾天，徐公正巧來到鄒忌家裡拜訪，鄒忌便乘機仔細地打量徐公，結果發現自己實在比不過徐公。

這個發現讓他感到有點挫折，但是更大的成分是不解，既然徐公事實上是勝過自己，那為什麼妻子、愛妾，甚至於上門的訪客，都說了相反的話呢？

他仔細地想了很久，終於明白其中的緣由：「原來妻子說我英俊，是因為偏愛我；愛妾說我英俊，是因為懼怕我；客人說我英俊，是因為有求於我。其實，我根本沒有徐公俊美啊！」

面對別人的指責，我們要虛心受教、認真檢討，而面對別人的稱讚，則不可全盤接受，得意忘形。

就如鄒忌，當他聽到別人的稱讚，心中雖然高興，但認真地觀察之後，知道其實人外有人、天外有人，如果就此遭人蒙蔽，必定就如此沈緬在自己編織的幻想之中，無法自拔。這樣一來，豈不就像那個沒穿衣服的國王，自以爲是的結果，卻成了全國的笑柄。

人與人之間只要有利害衝突存在，就永遠無法平等。有求於人時，你可能會不惜委屈自己；別人有求於你的時候，你也可能會趁機故作姿態。那就像一種無形的協定，只要雙方達到目的就成了。

所以要記住，你如何待人，人必如何待你；你拍人馬屁，別人也會拍你馬屁；你給人臉色看，別人也不會放過你。

普通朋友利益往來，真心好友以誠相待

人的一生，會有無數利益之交，他們隨著利益而來，也會隨著利益而去，得到了沒什麼好開心，失去了也沒什麼好難過。

交朋友，有些人重量，追求交友廣闊，有些人重質，往來貴在交心。不論重質或重量，其實都沒有對錯，因爲要怎麼做全憑自己內心的感受。

有時候，要細心經營才能成爲朋友，就好像燉一鍋好湯，要雙方不斷加入各種材料，仔細看顧。有時候，四周好像有很多人來來往往，彼此稱兄道弟，但是心裡有事卻找不到人來說。每個人都想要擁有能眞心待自己好的朋友，想要達成這個目標，或許第一要件，是要能眞心待人。

西漢史學家司馬遷曾經以友情這個主題，為名臣汲黯、鄭莊作記。

這兩個大臣都是歷經景、武二帝的兩朝元老名臣，為官清廉正直，曾經位列九卿，聲名顯赫，握有極高的權勢威望。當時上門拜訪的賓客絡繹不絕，大廳每日都熱鬧非凡，人人都以能與他們往來為榮。

但是曾幾何時，兩人因故得罪了武帝，官階被貶，就在他們丟了官、失了權勢的光景，人群也遠離了他們，門前不再車馬往來熱鬧非凡，只能感嘆世態炎涼。司馬遷敘述兩人的生平事蹟後，十分感慨地說：「像汲黯、鄭莊這樣賢良的人，有權勢時，客人很多，一旦失去權勢，便門可羅雀，其他的人就更不用說了。」

司馬遷還提起與汲黯、鄭莊際遇相似的下卦翟公。

翟公曾經當過廷尉，也就是中央掌管司法的長官，任官時，登門拜訪的賓客也是非常多，常常塞滿了整個門庭，幾乎無處落腳、動彈不得。

但後來他遭到罷官，就再也沒有賓客登門了，結果門口非但無車馬喧騰，更淒涼得可以張起網來捕捉鳥雀了。

然而官場多變，過了一段時間，翟公得以官復原職。沒想到，之前那班賓客又紛紛投送拜帖，想登門拜訪他了。翟公感慨萬千，在門上寫了幾句話：「一生一死，乃知交情；一貧一富，乃知交態；一貴一賤，交情乃見。」

與人交往應該秉持真心，不應以利益為前題，有利可圖則百般討好，無利可圖則置之不理；朋友有難時，能量力而為，拔刀相助，才是真正的友情。

然而，世上多是趨炎附勢之人，見別人發達時，總想挨得近些，好分一杯羹；見別人落魄時，則逃得飛遠，深怕受了連累，這也難怪翟公會有如此感慨。不過，也因為如此，讓他得知真正友愛自己，為自己著想的好友究竟是誰。

柯林斯說：「在歡樂時，朋友會認識我們；在患難時，我們認識朋友。」

所謂「路遙知馬力，日久見人心」，誰是眞正友愛自己的好朋友，一到了患難時刻就能從對方的表現看出來。所謂的朋友，如果是因利益而結合的，一碰到窮困和災禍的時候，就會互相拋棄。這是因爲兩者之間若是以利益來連結，那麼當利益發生衝突，或是利益消失的時候，彼此間便沒有任何關係存在了。

所以，當孟嘗君對馮諼抱怨自己禮賢而來的下士，竟在他失勢時全部倒戈，而重新得權時又想要回頭依附，實在令他氣憤不已時，馮諼只是冷靜地對他說：「世事都是這樣的。」

「富貴多士、貧賤少友，就好像趕市集，早上人人蜂擁向市集，側著肩膀也要拼命往門裡面擠，就怕落到了別人身後，但是到了傍晚，人們就算路過市集，也不會朝裡頭看上一眼，這並不是人們喜歡早市而討厭晚市，而是因爲早市有利可圖。這些人本來就與您以利相交，當您失勢、無利可圖了，他們會想離去也是理所當然。當您重新得勢，他們自然是會回來，您也不必太在意，就像從前一樣對待他們就好了。」馮諼的話總算讓忿忿不平的孟嘗君冷靜了下來。

孟嘗君是以利益來留住這些士人，雙方其實是一種利益交換的關係罷了，當利益中斷，也就沒什麼人情好說了。如果，彼此都是以利益的角度去考量，也就沒有什麼背不背叛的問題存在了。

人的一生，會有無數利益之交，他們隨著利益而來，也會隨著利益而去，得到了沒什麼好開心，失去了也沒什麼好難過。不過，如果你希求的是一種眞正的友情，那麼你就得用你的眞心誠意，去換取對方的誠意眞心。

自己的人生應該由自己決定

每個人都有選擇自己人生方向的自由，有人爭權，有人愛財，有人希求名利雙收，旁人無從置喙。

享譽全球的挪威劇作家易卜生曾經這麼說過：「金錢可以是許多東西的外殼，卻不是裡面的果實。它能帶食物，卻帶不來胃口；能帶來藥，卻帶不來健康；能帶來相識，卻帶不來友誼；能帶來僕人，卻帶不來他們的忠心；能帶來享受，卻帶不來幸福的寧靜。」

這個世界就是這樣，有人想要金銀財寶、榮華富貴，但有人就是不要。

每個人的人生都應該由自己決定，既然決定了，就要貫徹自己的心志，何必在乎別人如何評價？

春秋時，吳王壽夢有四個兒子，其中小兒子季札德才兼備，最為壽夢寵愛。壽夢臨終前曾表示要改變傳位給長子的制度，讓季札繼承王位，但季札堅決不受王位，於是壽夢把長子諸樊叫來，要他別忘了自己的遺命。

壽夢去世後，繼位的諸樊與弟弟余祭、余眛一起立下誓約：「今後王位不再父子相傳，而是兄弟依次相傳，最後務必讓最小的弟弟季札繼位。」

果然，諸樊死後由余祭繼位，而余祭死後由余眛繼位，季札也一貫忠心耿耿地輔佐兄長治理朝政，果然賢名遠揚。

余眛臨死時，決定按誓約將王位傳給季札，但季札無論如何也不願接受，並且真誠地向朝中人宣佈：「父王離世前，我就表明不受王位。做人要行為正派，品格高尚，榮華富貴對我來說只像吹過耳的秋風，我對它漠不關心。」

為了徹底表明自己的心跡，季札索性前往自己的封地隱居起來。直到余眛的兒子僚繼位後，他才考慮重回朝中，幫助吳王僚治理朝政。

視名利如浮雲，季札以行動表示自己的決心。或許，他並不認為自己合適擔任一國之君，所以只願站在輔佐的立場，為兄弟輔政。果然，吳國在他協助之下，漸漸富庶安定了起來，國力也漸漸強大，最後也得以成為一方霸主。

或許，有人認爲季札矯情，但是他卻不在乎外界的言語，以行動來證明自己的心志。對他來說，或許還有其他的事物，比起王位還來得重要。

泰戈爾的詩句寫道：「夜把花悄悄地開放了，卻讓白日去領受謝詞。」

季札就是一位這樣的人，他並不貪求名利，只想把自己在乎的事情完成。照俄國思想家克雷洛夫的說法，「這樣的人更值得尊敬；他沒沒無聞地躲在暗地裡，在漫長的辛苦日子裡無酬勞動，得不到光榮也得不到表揚；只有一種思想鼓舞著他的勤勞，他的工作對大眾是有益的。」

每個人都有選擇自己人生方向的自由，有人爭權，有人愛財，有人希求名利雙收；視名利爲浮雲，是季札的選擇，是他的決定，旁人無從置喙。

透過學習增強自己的能力

學習領悟的速度各人皆有不同，專精的領域也都不一樣，所以要對自己所學重視而不自傲，對別人所學尊重而不自卑。

我們不可能事事專精，也沒有人敢說他對於某一個領域已經完完全全明瞭，沒有任何可再深入研究的。

連英國科學家牛頓都曾謙遜地說：「我好像是在海邊嬉戲的兒童，有時發現一顆光滑的石頭，有時找到一個美麗的貝殼，我為此甚為開懷。儘管如此，那真理的海洋還神祕地展現在我面前呢！」

愛因斯坦說：「用一個大圓圈代表我所學到的知識，但是圓圈之外是那麼多的空白，對我來說就意味著無知。由此可見，我感到不懂的地方還大得很呢！」

所謂學海無涯，越學越覺得該學的事情可能永遠學不完。學習，不是只能在學校完成，踏入社會之後，還有更多更多可以學的東西。要學習工作上的技巧，要學習待人處事的態度，要學習辨析社會現實，要拓展人際關係。如此，怎麼有人敢說自己什麼都懂呢？

南北朝時代，李謐拜孔璠為師。李謐非常用功好學，過了幾年，學問知識就超過了孔璠，孔璠也因為有這樣的好學生而感到高興。不僅如此，連他自己有了疑難問題，還能不恥下問，向學生虛心請教。

但李謐覺得孔璠是老師，因此解答問題時老是吞吞吐吐，很不自然。

孔璠發現了，便誠懇地對他說：「我向你請教問題，不要不好意思回答。凡在某一方面有學問的人，都可以做我的老師，何況是你呢！」

孔璠虛心向學生求教的佳話傳出後，人們深受感動，有人編了一首短歌，頌揚孔璠不恥下問、求學不倦的精神。

「青成藍，藍謝青；師何常，在明經。」

李謐在孔璠的指導之下青出於藍，加上自己的領悟，學問才識就超過了老師。孔璠對於這樣的情況一點也不以為忤，反而為學生學有所得而感到高興，自己在為學上有了疑問，也不恥下問，虛心地向學生請教。

所謂三人行必有我師，學生固然應該尊師重道，但為學不問高低，孔璠能不重視身分地位，虛心地向各方求教，力圖排難解惑，如此才是真正的為學之道。

德國哲學家康德說：「有兩樣東西使我常覺驚訝與敬畏，那就是在我頭上眾星的天空，以及在我心中道德的法則。」

當然，學習領悟的速度各人皆有不同，專精的領域也都不一樣，所以要對自己所學重視而不自傲，對別人所學尊重而不自卑，這樣一來便能透過學習而兩相增長，增進彼此的知識與能力。

對於在學習過程中如何同人談話，近代作家魯迅有他的一番見解，他說：「與名流學者談話，對於他之所講，當裝作偶有不懂之處。太不懂會被看輕，太懂會被厭惡。偶有不懂之處，彼此最為合宜。」

這話說明了一件事，與人對談，事事不懂、沒有興趣，那麼誰也無法和你聊下去；相反的，什麼都說得頭頭是道、滔滔不絕，那麼插不上話或者有聽沒有懂，也是讓人備感乏味。

對於許多事物，我們都是無知的，虛心求教也是應該。孔璠便是深明這個道理，所以才能不受師生尊卑限制，既讓自己學有長進，也讓學生往知的領域更推進了一大步，因爲學生在回答老師提問時，無形中也重新檢視了一遍自己的認知與想法，對於問題肯定會有更深一層的領悟。

得到寶物，不一定會幸福

腦筋清楚的人，既不給自己惹來無謂的麻煩，又為自己維持美名，這樣的人才能算是聰明的大贏家。

人心的貪婪像黑洞一樣，是永無止盡的、是無法推究的，只要我們放任追求的慾望，我們追求的腳步就永遠沒有停下來的一天。

記得聽過這麼一段對話。

有人問：「爲什麼大多數人總是不斷追求，希望卻多越好？」

師父回答：「是爲了證明自己。」

那人再問：「爲了證明自己什麼呢？」

師父說：「爲了證明自己內心匱乏。」

的確，人心是匱乏的，而且是永遠不滿足的。就好像挖了一個洞，空氣自然就會流入，直到溢滿爲止，這是一種自然的驅力，所以，爲了滿足自己內心的需求，我們只能不斷追求。

然而，取之有道，合情合理合法地求得自己所需，這是一種技能；但是被貪婪蒙蔽了心智，做出害人的行爲，則是一種罪惡，說不定到頭來對自己一點好處也沒有。也因此，能夠不貪心，就會被視爲是一種美德的表現。

在《春秋左傳》之中，記錄過這麼一個「不貪為寶」的故事。

春秋時，宋國有個人在山上開鑿石料的時候，發現了一塊寶玉。他非常高興，便兜著它回家，請一個玉工來加以鑑別。

玉工仔細看了後，讚不絕口地說：「這塊玉好極了，沒有一點毛病，是個寶貝啊！不過，你得小心，別在人家面前露眼，讓人偷了去！」

其實，這人請玉工來家，已經引起了鄰居的注意。原來，平時就極少有人來他家拜訪，這回玉工突然來，有人便不時進來張望。宋人心裡不安，怕有個閃失空歡喜一場，便連忙把寶玉秘密藏好。

儘管如此，他還是整天擔心寶玉會被人盜走。想著想著益發覺得拿著這塊玉是個麻煩，乾脆賣掉算了。可是，他又想如果把玉賣掉，又怕不知玉的真正價值，深怕被別人佔了便宜。他考慮來考慮去，最後決定把它贈送給一個有身分的人，這樣多少還能留下些人情。

於是，過了幾天，他便偷偷摸摸地帶了寶玉悄悄地前往都城。

到了都城，他去見掌管工程的大臣子罕，獻上了寶玉。子罕覺得很奇怪地問：「你把如此貴重的寶物送給我，大概是要我幫你辦什麼事吧？不過，我是從來不接受別人贈送的禮物的。」

宋人慌忙搖頭說：「我沒什麼事要您幫我辦。只是依據玉工鑑定，這塊寶玉是稀有之物，所以我要獻給您。」

子罕再次拒絕說：「我絕對不能收下這寶玉。因為，如果我收下了，你和我都喪失了寶。」

宋人聽不懂子罕這話的意思，只是呆呆地望著他。只聽子罕繼續說道：「我以不貪為寶，而你以玉為寶。你把玉給了我，當然喪失了寶，而我若收下了你的玉，也就喪失了『不貪』這個寶。這樣，雙方都喪失了寶。」

宋人見子罕堅持不收也無可奈何，只得老實道出：「其實，是小民留下寶玉不得安寧，所以特地到都城來獻給您。」

子罕沈思了一會兒，便叫宋人暫時留下。接著，命一位玉工為這塊寶玉雕琢，把它送到市場上去賣掉，把錢交給宋人，然後派人護送他回家。

從這個故事，我們可以得知，一個人如果沒有守護寶物的能力，就算能夠得到寶物，也不見得能夠因此得到幸福。

武俠小說裡最常用的橋段，就是江湖中有件人人想要的寶物，這件寶物始終都有一個主人，可是這些主人老是沒有一個長命，還得整天小心防範有人前來奪寶。有人被殺、有人被陷害，有人甚至因此被滅門滅派，那眞的是寶物嗎？還是一件不祥之物呢？

想盡辦法搶得了寶物又如何，這件寶物既不能拿出來把玩，也不能拿出來看，甚至連說說都不行，這樣的寶有和沒有，又有什麼樣的差別呢？

英國劇作家蕭伯納說：「人生有兩種悲劇，其一為慾望難遂，另一為慾望得遂。」這句話說得實在一點也沒錯。

我們有太多的貪圖，希望得到更多，希望過得更好，只是當我們終於得到了，仍然不會感到滿足，因爲還有更多夢寐以求的東西可能會得到，爲什麼我們要滿足於現況呢？

比較悲慘的是，我們得不到又想得到，受盡壓力與慾望的折磨，到最後才發現原來我們曾經得到的，好像在不知不覺中又失去了。空無一物地來，又空無一物地走，這一趟人生竟像是白走了一遭，何苦呢？

子罕果然是個腦筋清楚的人，既不給自己惹來無謂的麻煩，又爲自己維持了「不貪」的美名，更表現了親切愛民的態度，為那個因得寶而煩心的宋人解決問題，這樣的人才能算是聰明的大贏家。

想攀關係的人最愛拍馬屁

人一旦站上高位，就成了眾人眼界所及的目標、馬屁所及之處。最好別讓關係蒙上了權力的陰影，才不致於破壞關係。

楊貴妃的故事大家都聽過，「一朝選在君王側」致使「姐妹兄弟皆列士，不重生男重生女」。所謂「一人得道，雞犬升天」說的便是這樣的景象吧！

中國人喜歡講「關係」，也喜歡「攀親帶故」，於是走後門便成了一個常見的社會現象，即使再多的人不滿，再多的人怨恨，當自己有所求的時候，還是恨不得自己擁有別人所沒有的「關係」。

其實，這種「關係」說不定根本就是一種人生的包袱。試想，要是你靠了別人關係而達成目的，改天別人也要來靠你的關係，一旦涉入了人情，我們還能夠公正公平地處理事情嗎？但是面對一大堆馬屁、攀關係的人，我們又該怎麼應對呢？

東漢的時候，就有這麼一個明辨是非、討厭「關係」的女子，我們可以先來看看她面對馬屁精的做法。

東漢明帝的皇后馬氏，十三歲就被選進皇宮。她生性善良，待人寬厚，行事謹慎，宮中上下都很敬重她。

皇太后對她非常寵愛，因而立她為明帝的皇后。馬氏當了皇后，生活起居還是非常儉樸，時常穿著粗布衣服，裙子也不喜愛鑲邊裝飾。

一些嬪妃朝見她時，還以為她穿了特別好的料子製成的衣服，走到近前，才知道是極普通的衣料，從此對她更尊敬了。

馬皇后知書達理，時常認真地閱讀《春秋》、《楚辭》等著作。有一次，明帝故意把大臣的奏章給她看，並問她應如何處理，她看了之後當場提出中肯的意見，但她並不因此而干預朝政，也不主動去談論朝廷的事。

明帝的妃子賈妃生下一個兒子，名叫劉炟，沒有生育的馬皇后便將他當做自己的兒子一樣盡心撫育。明帝死後，劉烜即位，就是漢章帝，馬皇后也被尊為皇太后。

不久，章帝聽取大臣的建議，多次提出要為她的三個哥哥馬廖、馬防和馬光加封爵位。不過，馬太后是個深明大義、通識大體的人，她清楚地知道，當時許多馬氏外戚早已無功受祿，過著極其奢侈的生活，所以婉拒了章帝的好意。

第二年夏天，發生了大旱災。一些馬屁大臣又上奏說，今年所以大旱，是因為去年不分封外戚的緣故，再次要求分封馬氏兄弟。

馬太后還是不同意，並且為此特地頒發了詔書，詔書上說：「凡是提出要對外戚封爵的人，都是想獻媚於我，都是要從中取得好處。大旱跟封爵有什麼關係？要記住前朝的教訓，寵貴外戚會招來傾覆的大禍。先帝不讓外戚擔任重要的職務，防備的就是這個，今後，怎能再讓馬氏走老路呢？」

詔書接著說：「馬家的親族，個個都很富貴。我身為太后，還是食不求甘，穿著簡樸，左右宮妃也儘量節儉。我這樣做的目的，是為了做出榜樣，讓外親見了好反省自己。可是，他們不反躬自責，反而笑話我太儉省。前幾天我路過娘家住地濯龍園的門前，見從外面到舅舅家拜候、請安的，車子像流水般不停地駛去，馬匹往來不絕，好似一條游龍，招搖得很。他們家的傭人，穿得整整齊齊，衣服翠綠，領袖雪白；看看我們，比他們差遠了。我當時竭力控制自己，沒有去責備他們。但他們只知道自己享樂，根本不為國家憂愁，我怎麼能同意給他們加官晉爵呢？」

馬太后憂心自己的親族，一旦加官晉爵後，態勢會更加囂張，非但不能為民帶來福份，反為國家招致災禍，因此才嚴加拒絕。

漢朝時最大的內亂就是宦官和外戚，西漢更爲外戚王莽所篡，因而亡國，所以東漢復國之後，對於外戚干政一事特別加以防範，甚至明文下令規範不得爲外戚加封官爵，以防再有相同的禍事發生。

馬皇后身爲皇帝的后妃與母親，卻不喜好奢華，也不攬權干政，有些大臣想藉由討好馬皇后，向皇帝建言重新分封外戚，但都受到嚴辭拒絕。說明了馬皇后深明大義，心知見到前車翻覆而不及時改弦易轍的人，終將自取滅亡。

當她看見自己的父兄舅姪，個個都過著不知節制的生活，而且不聽勸告，這樣的情況，若是再爲他們加官晉爵，豈不是助長他們氣焰？他們若有異心，豈不是又爲社稷帶來災禍了嗎？

她身居權力頂峰，卻能夠如此爲民爲國，不被私情牽絆，確實令人敬佩。所謂「內舉不避親，外舉不避仇」，就是說明要選拔人才，看的是能力而不是關係。只是，人一旦站上高位，就成了衆人眼界所及的目標、馬屁所及之處。立法委員一定接不完關說的電話，學校的校長一定有人會去拜託他用哪一家的教材，企業的老闆一定有人求他爲誰安插職位，警察法官一定有犯人求他們網開一面……各種例子層出不窮，說也說不完。

既然環境如此，只有兩種選擇，一個隨波逐流，一個改造環境；無論是做了哪一種選擇，一定堅守自己的原則，才不會爲自己帶來壓力與困擾。

最好別讓關係蒙上了權力的陰影，才不致於破壞關係，從這個角度來說，忠實做自己無疑是最輕鬆的做法。

看不下去何不試著挺身而出

看不下去的時候，何不試著挺身而出，去改變現狀呢？不要再用別人的觀點來做為藉口了，挺身而出，我們的路就能越走越寬廣。

很多人覺得這個社會、這個世界沒救了，有些人自掃門前雪，有些人過著醉生夢死的生活，大家一起等待世界末日來到。

這實在是極度悲觀的想法，因爲這麼一來事情永遠不會改變。就好像一池平靜無波的湖水，沒有外力介入，湖面的平靜不可能會改變，然而，只要投入了一顆石子、吹來一陣微風，就可能泛起漣漪，掀起波瀾。

隋朝時代有一個人名叫李諤，官拜治書侍御史，不但有辯才，也寫得一手好文章。當時的文風，承襲了六朝以來駢麗的風格，文句講求對仗工整，用詞華麗，到了後來好文好句不多見，倒是一大堆華麗堆砌的詞藻，寫來洋洋灑灑一大篇，但通篇卻常常沒任何重點。

李諤對於這樣的現象很不以為然。他認為南朝之所以敗壞，一定和這樣綺麗的文風脫不了干係，如果士人都把腦筋用來堆砌這些詞藻而不去想究竟要如何解決實際的問題，那麼國家又怎麼能夠進步呢？

所以，他毅然決然地提筆寫出〈請正文體書〉上奏，奏請隋文帝正視公文體例的問題，希望透過政令來改變當時的文風。

剛好，隋文帝楊堅自從一統中國之後，每天批閱奏章，早已經受不了大臣們只追求詞藻華麗不重建議內容的寫法。有一天，熬夜伏案閱章，一看到泗州刺史司馬幼之寫來的文表，內容又通篇華文麗詞，讀起來頗花時間，結果細讀之後卻發現內容空洞無物，有講等於沒說，一氣之下，下令將司馬幼之抓來治罪。

接著，看了李諤的奏章，文中由魏武帝、文帝、明帝說起，談到他們尤崇尚文辭，不重視為君之道，只注重文辭華麗的雕蟲小技，漸漸地臣下也依循跟從，在文辭華麗上大做文章，後來慢慢地形成體風格，為後世帶來了惡劣的影響及危害，冀望當今皇上能頒佈政令改變文風。

隋文帝一邊批閱，一邊不住地點頭，當看到「連篇累牘，不出月露之形；積案盈箱，唯是風雲之狀」時，心想：「李諤說得對極了，現在一篇篇文章，一箱箱案卷，談來談去，都離不開吟風弄月，真是又長又累贅。」

隋文帝擔心這樣下去，世俗無論貴賤賢愚，都去吟詠風花雪月，崇尚綺麗文風，追逐功名利祿，於是他下令：「把李諤的奏章頒示天下。如果以後寫來的奏章再不注意文風，定嚴加追究。」

李諤的願望終於實現了，從此以後，朝廷文風便逐步地轉為平實。

事實上，南北朝時政局混亂萎靡頹廢，間接也影響文風，一般文人志士多不敢論理辯政，改以清談玄理為重，為文也多重華麗之辭堆砌，加上曹魏以來崇尚排偶駢麗的文學形式，一時上行下效，文人爭相仿效，到最後只重矯揉堆砌，徒具文辭典雅，形式美觀，完全缺乏情義與內涵。

隋朝一統天下後，因為隋文帝本身並不愛看駢文，所以文風遂有逐漸改變的趨向，到了唐代，韓愈等人推廣古文運動，駢文便逐漸沒落了。

每個朝代都有每個朝代的風格，這個風格是由每個朝代中的每個個體共同表現出來的。換句話說，爲了得到自己所想要得到的，每個人都會使用「投其所好」的這一招。時間久了，就演化成一種共同的行爲表現，就成爲趨勢，就形成潮流。

沒有人逼你一定要怎麼做，但是在那樣的環境之下，你自然就會順著大衆的期望而改變自己的作爲。

然而，當大衆期望完全背離自己的期望時，我們只有兩種做法，一種是委曲求全，做著自己一點也不喜歡的事；另一種是勇於改革，讓潮流與趨勢轉向。李謂就是屬於第二種人，對於自己不滿的現象，他會勇敢站出來，捍衛自己的理想。如果時機來到了，或許就有機會將自己的想法加以伸張，達到自己理想中的目標。

看不下去的時候，何不試著挺身而出，去改變現狀呢？每一個人都是一顆小石子，都可能會爲這社會湖心泛出漣漪。

歌德認爲：「每個人都應該堅持走他為自己開闢的道路，不被權威駁倒，不受時與觀點所牽制，也不被時局迷惑。」

堅持自己的想法與理念，或許現在並不受重視，或許現在人微言輕，但是只要你仍堅持在這條道路上，說不定在下個轉角就會有人與你並行。

爲你的理想付出，爲你的目標努力，即使眼前你的力量只有一點點，但是，就如日本教育家池田大作所說的：「我們陶醉於自己的力量，不是做該做的事情，而是做能做的事情。」

做得到就去做，今天做一點點，明天再多做一點點，有一天，你將會發現，自己竟然能完成那麼多事。

這是一種成就，一種自我滿足的成就。不要再用別人的觀點來做爲藉口了，挺身而出，說出自己的看法，我們的路就能越走越寬廣。

別被「洛陽紙貴」的假象欺騙

唯有花心思去比較、去了解、去觀察，才不至於成為商人眼中的「大肥羊」，也不至於花錢買不到享受，反成了「冤大頭」了。

人類，是一種喜歡「一窩瘋」的動物，去湊熱鬧不可。「創造需求」，則是行銷上頗爲常用的一種方法。本來你可能從未想過自己需要某種商品，但是經過廣告等等媒介的刺激，說不定就會讓你覺得自己非得擁有哪件商品不可的念頭。

所以，有人不惜排上三個小時的隊，只爲了買某樣商品；有人不惜砸重金也要在拍賣場上搶購一個柏金包；我們買了一大堆自己可能永遠用不著的商品堆放在家裡，只是因爲集點送贈品或是打折大拍賣，更可能只因爲某個偶像使用某種商品，看起來很不錯。

商人利用各種方法，將商品和名氣、地位連結在一起，創造出某種心理上的需求，消費者便會不擇手段一窩瘋地去搶購。越是造成搶購風潮，越是能吸引買氣，就好像一個熱帶低壓形成，便將周遭的所有雲霧水氣全部吸了過來，變成了一個超級大風暴，而且越滾越大。

這也可以稱爲是「洛陽紙貴」現象。

左思是西晉時代相當知名的作家，他之所以成名，原因在於他寫文章一向非常認真，從不追求多產速成，寫出的文章質采很高。

他曾以一年的時間，寫下一篇《齊都賦》。後來，因為他的妹妹被選入宮，全家遷居京城洛陽，他也被任為著書郎。從這時起，左思開始計劃撰寫《三都賦》（三都，指魏、蜀、吳三國的都城）。

他整天苦心構思，時時刻刻都在想著如何著手進行這篇文章。他在書房外的走廊裡、庭院裡，甚至廁所裡都掛上紙筆，每次一想到佳句，不論一句或半句，都會立刻記錄下來。如此努力了十年，才寫成這篇《三都賦》。

《三都賦》一問世，果然無論在內容和形式上達到了空前的水準，藝術價值極高。於是，當時京城洛陽有身分地位的人全都爭相買紙抄寫閱讀，特別是文人名士，必定一讀，彷彿沒讀過這篇文章的人就配不上文人雅士的稱號。

就這樣，洛陽城的紙張突然變得供不應求，價格也因此大漲。後人便將如此盛況以「洛陽紙貴」稱之，用以讚揚作品受人歡迎。

左思一向以詠史詩及招隱詩見稱，胸次高曠，筆力雄邁。他原本就下筆謹慎，力求字字珠璣，文意動人，後來耗費了十年光陰，才完成自己勉強滿意的《三都賦》，由此更可見他為文用心及對文章品質的要求。無怪乎人人爭相傳抄誦讀，以求一睹其文章風采。

這便是所謂「洛陽紙貴」的盛況，本來當然是意指品質極高，才能令所有人滿意，進而想要擁有。

然而，在商人的刻意運作之下，這個現象不再是個合理的指標。你會發現皮膚白皙的藝人並不是真的使用某品牌護膚產品才變白的，頭髮飄逸柔順的女星平常也不是使用她所廣告的洗髮精品牌，大排長龍的拉麵店，可能排隊的人是臨時演員。所有一切可能都只是假象而已，用極爲巧妙的手法，欺騙我們的眼睛。

英國小說家威爾斯說過：「廣告是一項合法的欺騙手段。」

流行，是一種群衆運動，如果只是盲目地成爲流行中的一份子，那麼當流行褪去之後，所看見的一定是個愚蠢可笑的自己。

附庸風雅、東施效顰，都不能眞正讓自己變得有氣質、變得有內涵、變得有水準，更不可能變美、變漂亮。唯有像左思那般，眞正下過苦心、付出過努力，才能算是實至名歸，不愧美名。

我們要成爲自主的人，才能讓我們對於所做下的每一個決定感到不後悔。

在消費的供需之間，應該要讓自己成爲主導的一方，買我們所需要的，而不被強迫推銷。想要成爲一個明智的消費者，就不能讓商人媒體牽著鼻子走，唯有花心思去比較、去了解、去觀察，才不至於成爲商人眼中的「大肥羊」，也不至於花錢買不到享受，反成了「冤大頭」了。

09

想抄襲，
也要有一點創意

我們都可以把別人當成學習的榜樣，但是至少要有點創意，發揮自己的想像力，去鍛鍊、去塑造屬於我們自己的法則和風格。

看透事理，才不會被謊言蒙蔽

為自己的好處而說謊是欺詐，為別人的好處而說謊是蒙騙，懷有害人之意而說謊是中傷，這是最壞的謊言。

莎士比亞在《亨利四世》這齣戲劇裡寫過這麼一段話：「謠言會把人們所恐懼的敵方軍力增加一倍，正像回聲會把一句話化成兩句話一樣。」

謠言確實不容輕忽，除非你能完全置之不理，不被影響，否則謠言一旦傳了出來，就好像在人的心裡種下懷疑的種子，當猜忌這個養料供給夠充足，事情可能就會不可收拾。

就如同錢鍾書在《圍城》一書中所說：「兩個人在一起，人家就要造謠言，正如兩根樹枝相接近，蜘蛛就要掛網。」

謠言是如此容易出現，就像蛛網一樣，讓我們不可能完全逃開，就算毫不猶豫地衝了過去，也不免會被搞得灰頭土臉。

解決方法，可能就要聽聽英國詩人雪萊的說法，他說：「對別人的一切，不要信以為真——有人可能為了圖利而欺騙你們。」

戰國時代，有一回，魏國的太子必須被交換到趙國都城邯鄲去作為人質，魏王決定派遣大臣龐蔥陪同前往。

龐蔥一直受到魏王重用，但他很擔心此行前去趙國之後，會有人在背後說他壞話，使魏王不再信任他。為此，臨行時特地到王宮裡拜見魏王，有點憂愁地問道：「大王，如果有人向您稟報說，街市上有老虎正在逛大街，您相信不相信？」

魏王立刻回答說：「我當然不相信。」

龐蔥接著又問：「如果，又有第二個人也向您稟報說，街市上有一隻老虎在閒逛，您相信不相信？」

魏王遲疑了一下說：「我可能將信將疑。」

龐蔥緊接著問：「要是有第三個人也向您報告說，街市上出現了一隻老虎，這時您相信不相信？」

魏王一邊點頭，一邊說：「既然有三個人這麼說，那我可就不得不相信了。」

龐蔥上前分析說：「但是，大王，街市上沒有老虎，這是明擺著的事，不過有三個人說那裡有虎，便真的有虎了。如今我陪太子去邯鄲，那裡離開我們魏國的都城大梁，比王宮離街市要遠得多，再說背後議論我的，恐怕也不止三個人，希望大王今後對這些議論加以考察，不要輕易相信。」

魏王聽了回答：「我明白你的意思了，你放心陪公子去吧！」

龐蔥去趙國不久，果然有人在魏王面前說他壞話。剛開始魏王不信，後來說他壞話的人多了，魏王竟然相信了。等龐蔥從邯鄲回來後，果真失去了魏王的信任，再也沒被魏王召見。

龐蔥擔憂自己身在趙國，一旦有人在魏王身邊進讒言，自己沒有辦法馬上辯駁，如果次數一多，魏王可能會信以為真，而對他有所猜疑，所以他先以「三人成虎」的故事勸說，希望魏王能明察秋毫，不妄下斷言，可惜遠水救不了近火，龐蔥果然遭到誣陷而受到魏王猜疑，漸漸疏遠。

所謂「謠言止於智者」，這是希望大家不要道聽途說，以訛傳訛，因爲謠言的散佈實在太過容易，而且有時謠言聽多了反而以假亂眞，讓大家分辨不出何者爲眞，何者爲假。

這也就是爲什麼以前的人老愛說「眼見爲憑」這句話，因爲如果不是親眼看到，實在難以確定到底事情的眞相是什麼，到底誰說了眞話，誰又是在唬弄大家。

盧梭把謊言分成了好幾類：「為自己的好處而說謊是欺詐，為別人的好處而說謊是矇騙，懷有害人之意而說謊是中傷，這是最壞的謊言。」

我們的生活周遭充斥著無數的謊言，能夠秉持著清明的理智去看透事理，就不至於被謊言所蒙蔽。如果我們不希望自己遭到奸詐小人蒙蔽，或者受到有心人士的謠言鼓動，那麼或許第一要件就是不要相信未經證實的傳言。

想抄襲，也要有一點創意

我們都可以把別人當成學習的榜樣，但是至少要有點創意，發揮自己的想像力，去鍛鍊、去塑造屬於我們自己的法則和風格。

曾經，我們有過一個不名譽的稱號，叫做「海盜王國」，指責許多不法商人未經他人同意就將別人的產品仿製，以此謀利。

「見賢思齊」原本是一種自我激勵，可是向巨人看齊學習是一回事，模仿巨人作爲是一回事，而把別人的作品原封不動地佔爲己有，那就是竊盜的行爲了。

學習或模仿是爲了青出於藍，從仿效的過程中創造出自己的風格，如果把模仿當成目的，一味地抄襲，那就是低能的象徵了。

不管模仿或者參考，都只是人生的第一階段，畢竟我們一定得承襲別人的智慧，才能激盪出新的觀念與想法。但是，在模仿的同時，必須灌注自己的創意，才能有所突破，否則就變成抄襲了。

此外，在寫作論文，引述別人的文章、見解時，至少要對原創者表示尊重與敬意！通篇照抄、斷章取義，還不敢註明出處，實在不是君子的行爲。

再說，如果被明眼人一看，露出了馬腳，那可就不只是鬧笑話而已。

在《唐詩紀事》裡面有過這麼一個故事。

據說棗強縣的縣令張懷慶，喜愛沽名釣譽，經常抄來名士的詩文，把它改頭換面一番，冒充自己的作品，然後毫無顧忌地將它展示出來給人家看。有些人明知不是他的創作，為了討他歡喜，吹捧他幾句，他也沾沾自喜。

有一次，朝中一個名叫李義府的名士寫了一首五言絕句：

「鏤月為歌扇，裁雲作舞衣。自憐回雪影，好取洛川歸。」

張懷慶讀了這首詩，手又癢起來了，於是提起筆來，毫不客氣地在每句前加兩個字，成為七言絕句：

「生情鏤月為歌扇，出性裁雲作舞衣。照鑑自憐回雪影，來時好取洛川歸。」

原詩寓意清晰，文字精練，經他每句添加兩字後，不但文理不通，讀起來也很彆扭，但張懷慶還自命不凡，親筆繕抄後四處贈人。只不過，李義府的詩早已眾所周知，他這番作為果然鬧了不少笑話。

後來，人們借用詩人王昌齡、名士郭正一的文名，編了兩句順口溜來譏笑他，說他「活剝王昌齡，生吞郭正一」，嘲諷這種行為，是「活剝」、「生吞」王、郭詩文的不良行為。如此露骨的抄襲，根本就是拙劣的行為，但張懷慶還沾沾自喜，實在令人不敢恭維。

抄襲他人的文章，斷章取義地拼湊在一起，是文人最爲不齒的事情，所以張懷慶因此得了惡名。

其實，臨摹也是一種學習方式，從他人的文章之中發現優點，加以學習效法，這是很自然的，但重要的是要融入自己的見解，才是眞正自己的作品，否則就如同張懷慶一般，模仿了空架子，只知東拼西湊，自己一點進步也沒有。

有不少歌手出片時，總是被包裝成某明星的接班人，有著明星臉，不管唱腔、打扮都像得不得了，有時還會出現真假對決的局面。其實，聽眾的眼睛是雪亮的，耳朵是清明的，大家看得出來誰是真正努力過，而誰又是老跟著別人的路走，最後必定能夠一見真章。

有一個號稱自我創作的樂團，推出的歌曲被指稱與外國音樂團體的當紅歌曲雷同度達百分之九十，誰知，這個樂團非但不承認抄襲，還辯稱他們本來就喜歡該團體的曲風，也很崇拜他們，所以會效法他們的曲風創作並不奇怪。

或許，見賢難免會讓人有思齊的念頭，但是如果只是全盤照抄的話，恐怕是強盜行徑吧。不管做人做事，我們都可以把別人當成學習的榜樣，但是我們至少要有點創意，發揮自己的想像力，去鍛鍊、去塑造屬於我們自己的法則和風格，這才是真正屬於我們的成就。

想要演戲，就要演得入戲

一個舉止有禮、行為得體的人，會受到別人尊敬，但一個言行偽善、笑裡藏刀，卻又掩飾不佳的人，則會讓別人感到不齒。

英國思想家培根說過：「一個人如果對待陌生人親切而有禮貌，那他一定是一位真誠而富有同情心的好人，他的心常和別人的心聯繫在一起，而不是孤立的。」

培根的言下之意，不只讚頌親切待人的高尙品德，也強調禮儀必須要發自內心，如此才能眞正感動他人。

他還曾經說過：「禮節要生動自然才顯得高貴，假如在表面上過於做作，那就失去了應有的價值。」

的確，做作的禮儀比起無禮而言，還來得令人作嘔。

據說，西元前四九五年時，諸侯國邾（鄒國本來的稱謂）國的君主隱公來到魯國，會見魯國的君主魯定公。

當時，魯定公舉行了相當隆重的儀式來歡迎他，場面相當盛大，孔子的學生子貢也應邀請前來觀禮。

歡迎儀式開始後，邾隱公仰著臉，把玉器高高舉起，態度很傲慢，相反的，魯定公在接受玉器的時候，則俯著臉，彎著腰。

兩位君主不同的神情和態度，形成了極為鮮明的對照，在旁觀禮的人們看了都感到非常驚訝。

子貢對於兩位諸侯國君的表現，相當不以為然，忍不住要發表自己的意見。他說：「諸侯相見要手執玉器，這是從周朝就開始施行的禮節，所以今天這件事情要用禮來看待。但如果用禮來看待這件事的話，我認為兩位君主都快要滅亡了。因為，禮是死亡或生存的主體，人的一舉一動，或左或右，以及揖讓、進退和俯仰等等，都由禮來規範；朝會、祭祀、喪事、征戰等等，也要用禮來觀察它。」

子貢接著說：「眼下是正月，在一年之初諸侯相互朝見，竟會如此不顧禮儀規定，說明他們心裡已經沒有禮了。朝會不合於禮，哪裡能夠長久？邾國君主的高和仰是驕傲，魯國君主的低和俯是衰廢。驕傲易引來動亂，衰廢則接近疾病。魯國的君王是主人，恐怕也會先死去！」

兩國國君只重視儀式，其內心是輕蔑禮制的。子貢認為失了禮將導致亂亡，若心中無禮，那麼儀式又有何用呢？果然，魯國和邾國二國很快地便失去了與他國競爭的優勢，只能淪為附庸。

在做人做事方針中，重點就在於心誠。

有了誠心，所作所爲才不致於虛假輕浮。

就算做戲也要做得認眞，至少不能被人一眼就看穿，正如英國政治家洛克所說的：「要能做到恰如其分的普通禮節與尊重，表明你對他人的尊敬、重視與善意。這是一種很高的境界，要能做到這種境地，而又不被人家疑心你是諂媚、偽善或卑鄙，是一種很大的技巧。」

一個舉止有禮、行爲得體的人，會受到別人尊敬，但一個言行僞善、笑裡藏刀，卻又掩飾不佳的人，則會讓別人感到不齒。

要演戲就要演得入戲，如果沒有心要做，倒不如不做，因爲勉強是不會有結果的，心裡不想的怎麼裝也裝不來。

如果彼此都沒有眞心，就好像子貢所說，雖然知道要遵從禮儀之道，但是內心卻完全不做如此想，那麼禮儀也不過就是個表面儀式而已，做戲給旁人看看罷了，何必彼此浪費時間呢？

用同理心來說服別人

你希望別人如何待你，你就必須如何待人，這是理所當然的事。從自身做起，用同理心考量他人，是化解紛爭的最佳藥方。

從競爭演變成意氣之爭，儼然成爲一個普遍的社會現象。人與人之間容易發生衝突，而主要的原因，可能就在於雙方並沒有站在對方的立場去想。

站在對方的立場上思量，運用同理心，是一個相當重要的心理策略。

「人同此心，心同此理」，同理心即是指站在別人的立場上，爲人設身處地著想。相對的，想取得對方的認同，「同理心」也是極好的切入點，因爲對方的心理受到掌握，也更能「對症下藥」，達到預定的目標。

如果雙方都能以同理心來考量對方的立場，那麼或許就能體諒對方的難處，也能讓對方了解自己的想法，彼此各退一步，爭執也就可以化解了。

戰國時代，秦國出兵攻打趙國。趙國只好向齊國求援，當時趙國由趙太后執政，齊國因而提出要求，必須讓趙太后的兒子長安君到齊國去做人質，才肯出兵。

事情萬分緊急，但是任憑大臣們如何勸諫，太后始終不肯答應讓自己最疼愛的兒子到那麼遠的齊國去當人質。

最後，她更撂下話來，對左右的人說：「今後，倘若還有人敢來勸我，我定要吐他一臉口水。」

眾人沒辦法，只好請來趙國的老臣觸讋，看看他能不能說服得了趙太后。

觸讋進宮來覲見太后，太后心想這個老傢伙一定又是來勸自己的，不禁心中厭惡，臉上露出怒氣，等著藉他來發洩心中的怨恨。

但觸讋進來後，先是表示因年老體衰，未能多來看望太后而深感歉意，而後又拉雜地談起了家常。太后以為他是來看望她的，情緒也緩和了下來。

觸讋見此光景，便向太后說出了一件心事。他請求太后把他自己十五歲的小兒子舒棋安排在王宮衛隊，因為他喜歡他，怎奈自己老了，此事就託請太后照顧。

趙太后見這位老臣為小兒子的事，請託得如此懇切，便問道：「你們男人家也喜歡自己的小兒子嗎？」

「比女人更喜歡。」觸讋回答。

「女人們才更疼愛小兒子呢！」趙太后不禁笑出聲來。

「我倒覺得您喜歡女兒勝過兒子，您對長安君的喜歡，根本比不上您疼愛女兒燕后。」觸讋趁機說道。

「不，你弄錯了，我最喜歡長安君。」太后坦然地說。

觸讋覺得時機已經成熟，便轉入正題，對趙太后說：「您喜歡女兒，所以她出嫁到了燕國，您祈禱上天，希望她不要回來，指望她生個兒子繼承王位，您這是為她的長遠利益考慮。但對長安君，儘管您賜給他許多金銀，但卻不讓他去替國家建立功勞，將來怎麼會有做君王的威望呢？您根本沒有替長安君做長遠打算，所以我認為，您喜歡長安君，比不上喜歡燕后。」

趙太后聽了這番話，想了想覺得頗有道理，便同意了大臣們的意見，讓長安君去齊國做人質。

觸讋心知趙太后愛子心切，深怕長安君此去將受到欺侮，甚至有生命危險，於是以同樣護子心切的角度切入，說服太后為長安君的未來著想。趙太后仔細地思索一番，才同意了這個決定。

如果雙方能夠換個角度來想眼前的問題，共同營造出大家能夠認同的互動方式，豈不是能皆大歡喜嗎？

最怕的是把對方視為敵人，從不肯眞心去了解對方，彼此的關係自然無法和諧。

用同理心想想吧，你希望別人如何待你，你就必須如何待人，這是理所當然的事。從自身做起，用同理心考量他人，是化解紛爭的最佳藥方。

尊重別人就是保全自己

眼前低下之人，未必永遠如此，如果抱持著輕侮之心，一旦看走了眼，反而自蒙其害。尊重他人，其實也是尊重自我，保全自己。

英國童話作家王爾德，寫過感人肺腑的文學作品《快樂王子》。在書中，他曾說過：「絕不存有傷人感情心地的人便是君子。」

從他的話裡我們可以很清楚地知道，眞正的謙沖君子，是要擁有一顆寬容體人的心，因爲沒有一個人有權可以恣意地去傷害別人。不管對方是誰，是什麼樣的人物，有什麼樣的身分地位，我們都應該以同樣的態度去對待他，不應嫌貧愛富，不應尊榮鄙賤。能做到這樣的人，就是眞正品德高尚有修養的人。

戰國時，魏國人士范雎很有才幹，一心想要謀得一官半職，但是因為家裡實在太過窮困，又沒有適當的管道，只好先在中大夫須賈手下當差。

有一年，須賈奉魏昭王之命出使齊國，范雎也隨同前往。

當時，齊襄王見范雎口才很好，命人賞賜給他黃金和酒，但范雎立即表示不敢收受。這件事被須賈知道後，卻以為范雎做了背叛魏國的事，後來回到魏國，就把這件事向相國魏齊報告。

魏齊聽了大怒，下令門客將范雎的肋骨打斷、牙齒打落。范雎只得裝死，最後被丟在廁所裡。幸好靠著看守人的幫助，才得以逃出，改名張祿躲藏了起來。

不久，秦昭王派王稽出使到魏國，想物色人才。經人輾轉介紹，范雎終於見到了王稽，並秘密乘上他的車逃出魏國，在秦國安頓下來。

范雎依靠自己的才智，很快地得到秦昭王的信任，官拜相國。不過，秦國的人只知道他是從魏國來的張祿。魏國聽說了秦國有意向韓國和魏國進攻，便派須賈為使臣到秦國請和。范雎得知後，決定伺機報復。

他穿了一身舊衣服，前往賓館求見須賈，說自己是打短工的。

須賈本以為范雎已死去，不料卻在秦國碰面，因此大吃一驚，也有點可憐他一身破舊，就招待他一頓酒飯，最後還送給他一件用粗絲織成的袍子。

交談間，須賈特意詢問范雎是否知道秦國的相國張祿，並說聽聞張相國是秦王的寵臣，天下大事都由他決定，這回來秦國的任務能否完成，也全在張相國，還問范雎是否有人與張相國熟識。

范雎說，他家主人與張相國很熟，就是他自己也可以求見張相國，須賈便馬上請他代為引見。

范雎拉來四馬大車，親自為須賈駕車驅趕，直接進入相國府。府裡的人望見了范雎，都趕緊迴避，來到了內廳門口，須賈才弄清楚，原來范雎就是張相國。

這一驚非同小可，嚇得他趕緊剝脫衣服，露出肌肉，跪在地上用膝蓋爬行，請求侍從們代他認罪求情。

一會兒，范雎一身華服坐在帳幕中接見須賈，身旁站列著很多隨從。

須賈磕著頭自稱「死罪」，並說：「我須賈想不到您能自己衝上青天。從此以後，我不敢再談天下大事，不敢再過問天下的政治。我有該煮該烹的死罪，自願請求放逐；是死是活，全聽候您的處分。」

范雎列數了他三條罪狀，並說今天饒了他，是因為那件粗絲織的袍子，以及老朋友戀戀不捨的情義。說完，便下令撤去接見的排場，叫須賈回去。

范雎受到了才名之累，引起了須賈的懷疑，因而遭到不平的待遇，險些命喪黃泉。幸好他大難不死，反而獲得賞識提拔，為秦昭王任命為相。

當他與須賈再度碰面，仇人相見，分外眼紅，不免興起報復的念頭，待須賈發現之前落魄的范雎已登上青雲，且操持魏韓兩國的生死，心中的驚嚇可想而知。

所幸范雎並非絕義之人，因為須賈看見范雎衣著襤褸時，並無落井下石的舉動，反而以衣相贈，於是，便饒他一命，但求和一事自然毫無所成了。

范雎靠著自己的力量重新站了起來，所以更加難忘當年須賈和魏齊加害於自己的景況，胸口怒氣積壓了好幾年，總算是洩了一口怨氣。

當年須賈不辨是非，未經查證就認定范雎有罪，他的無知差點害了一個無辜的人被殺害，這是他的罪過。然而，他的出發點乃是爲國爲家，加上後來他發現范雎並未死亡，也表現出同情之心，也就是因爲這樣的表現，才讓足以操縱他生殺大權的范雎決定放過他。

希臘哲學家亞里士多德說：「對上級謙恭是本分，對平輩謙遜是和善，對下屬謙遜是高貴，對所有人謙遜是安全。」

如果，當時的須賈能夠將這幾點都做足，也不至於會失了策，以致於後來樹立了大敵而不自知。

俄國文豪杜斯妥也夫斯基曾經說：「人生最重要的是，失敗時應咬牙忍耐，成功時莫過於得意。」

范雎若不能把握這樣的道理，記取自己過往的教訓，日後他也不過會成爲另一個魏齊與須賈，還有哪一個范雎會遭其毒手，也還是未知數。

眼前低下之人，未必永遠如此，如果抱持著輕侮之心，一旦看走了眼，反而自蒙其害。最爲妥善的方法，就是保持對所有人謙和有禮的態度，尊重他人，其實也是尊重自我，保全自己。

把人才用在最正確的地方

選用人才，領導者一定要注意任人唯賢的重要性，並了解此人是否有勝任的實力，否則再美好的目標，都會事倍功半，甚至功敗垂成。

在實力決定勢力的競爭社會中，一個領導者一定必須具備識人用人的精準眼光，以及放手讓下屬發揮才華的決斷。

呂蒙曾經被人譏笑為「吳下阿蒙」，後來奮發圖強讓人「刮目相看」，是東吳的一員大將。

赤壁大戰之後，呂蒙鎮守陸口，隔著長江與荊州相望，而關羽在劉備、孔明進入四川之後，也獨當一面，屯駐在荊州。

雖然，關羽曾經主動出擊，打下曹軍佔領的襄陽地區，還水淹七軍，擒獲了曹操的猛將于禁、龐德……等人而名震天下，然而，他卻因為戰線拉得過長，憂患也一天一天地加深。

當時，魏、蜀、吳三國展開了混戰，關羽乘機襲擊曹營，而東吳又在背後對關羽虎視眈眈，曹軍也因為屢次戰敗而對關羽懷恨在心，所以打算暫時與東吳聯手，協助東吳進攻關羽。

孫權看準時機，決定進攻關羽，要回被蜀軍賴著不還的荊州。

他把堂弟孫皎與大將呂蒙叫來，讓他們共同領軍作戰。

然而，呂蒙對此卻很不滿，抱怨道：「主公倘若認為呂蒙可用，則獨用呂蒙，若以為叔明可用，請獨用叔明。」

亦即，他希望孫權只須挑選其中一人領軍即可。

孫權聽了呂蒙的話，心下暗自揣測：「莫非呂蒙已有破敵之計？」於是，過了不久他便把呂蒙召來，說道：「呂將軍，我就任命你為領兵大都督，總管江東諸路軍馬。」

孫權真的獨用呂蒙，而呂蒙也不負重望，帶領東吳士兵，偷襲荊州得勝。

這一役，讓關羽的軍隊失去荊州之後，喪失了後援補給，無疑是個重大的打擊，最終導致關羽在麥城一役戰敗被殺。

東吳能在這次戰役獲勝，多虧孫權的慧眼識英雄，給予呂蒙完全的信任，更讓呂蒙完全發揮實力，才能擊敗關羽這個強敵，這正是現代領導者應該學習的地方。

選用人才，領導者一定要注意任人唯賢的重要性，也一定要考慮工作性質是否符合部屬的特質，並了解此人是否有勝任的實力，否則再美好的目標，沒有適才適用，都會事倍功半，甚至功敗垂成。

識時務才能開創人生版圖

只要別一窩蜂地跟著所謂潮流或別人的腳步走，因為，那些只懂得一窩蜂的人，絕大多數都是以失敗作為結局。

知道自己的實力到達哪裡，也知道自己的弱點在哪裡，這兩項是我們發展自己人生版圖最重要的認知。

遇到實力比自己強壯的對手，我們都應該明知時務，避實就虛，另外尋發展的道路，而不要做無謂的拼鬥，那樣只會弄得兩敗俱傷。

國際知名的路透社創辦人路透，轉移陣地到倫敦營業之前，曾有一段時間在德國的古城亞琛從事通訊社的經營工作，這裡正是奠定他未來成功的重要基礎。

一八四八年，普魯士政府正式開通了從柏林到亞琛之間的電報線，並同意開放供商業通訊使用。於是，利用柏林與亞琛之間的電報線來從事服務，成了一項最有利可圖的事業，路透得知這個消息之後，決定要抓住機會，開創一番事業。

他趕到了柏林，想要效法法國新聞界名人哈瓦斯創辦通訊社，不過在這之前，沃爾夫通訊社的人卻已經搶在他的前面，在柏林建立了「沃爾夫辦事處」。

由於沃爾夫的經濟實力相當雄厚，再加上他有著和路透一樣精明的頭腦與才幹，面對這樣的對手，路透知道自己根本無力挑戰，即使勉強經營，也只能疲於應付，難以有更大的創新和作為。

於是，他決定放棄在柏林的發展。

不過，路透一點也沒有氣餒、絕望，立即又趕回亞琛。

幸運的是，在亞琛這項生意還沒有人開始。於是，路透立即開辦了獨立經營的電報辦事處，勤奮不懈地廣泛搜集當時歐洲各主要城市的每一項行情快訊，彙整編輯成「路透行情快訊報」。

路透盡可能地利用最快的交通工具，將報紙提供給分散的訂戶，由於他不辭辛勞地奔走，名聲逐漸傳了開來。經過一段時間之後，他的市場居然佔了大半，許多人都爭相訂購，他也終於在報訊業中，站穩了自己的地盤。

人生很多時候要像路透一樣，懂得避實就虛、迂迴前進，這正是做人做事策略中相當重要的一環。

別一窩蜂地跟著所謂潮流或別人的腳步走，因爲，那些只懂得一窩蜂的人，絕大多數都是以失敗作爲結局。

人生最重要的一件事就是選擇自己可以成功的道路，才不會蹉跎一生而一事無成。路透的成功故事要告訴我們：「要做就要做獨一無二的事，只要多運用你獨一無二的創意，並發現獨一無二的商機，那麼成功必定是你的！」

當個能綜觀全局的領導者

將工作轉交給部屬，不僅可以提高員工的能力，還能讓你有時間綜觀全局，讓你領導的事業擁有最大的突破空間。

想成爲優秀的領導者，一定要有識人之明，並且要有充分授權的觀念。

否則，就會用人不當，讓自己像無頭蒼蠅一樣東飛西竄，疲於奔命卻又做不成什麼大事。

丙吉是漢宣帝身邊重要的宰相，有一年春天，丙吉乘車經過繁華的都城街道，恰巧看見有人當街群毆，死傷極多。

然而，當時他卻視若無睹，立即離開現場，接著他又看到了一頭拉車的牛，氣喘吁吁地吐著舌頭，一副無精打采的模樣，他居然立即派人去問牛的主人，這頭牛到底是怎麼回事。

丙吉對於人畜表現出兩極化的態度，令旁邊的隨從都感到好奇，不禁問他：「為什麼宰相對群毆的事情不聞不問，這會兒卻如此操心牛的氣喘，如此是不是有點輕重不分，本末倒置？」

丙吉認真地回應：「制止群毆是長安令或京兆尹的職責，身為宰相，我只要每年評定他們的政績，再將賞罰建議呈交給皇上就行了，並不需要參與這些瑣碎之事。至於關心牛隻，我之所以要停車探問，那是因為，現在正值初春時節，黃牛卻大吐舌頭，氣喘不停，我很擔心是因為陰陽不調。陰陽不調則關係舉國人民的生計，這是宰相的責任之一，所以我才特地停下車子詢問。」

眾隨從聽後，這才恍然大悟，紛紛稱讚宰相英明。

這個故事提醒我們，有能者或有權者，不要一味地把所有的權力都牢牢握在手中，或是大事小事都非得親身過問才可以，畢竟超過負荷的工作量，絕對不是最有效的工作方式。

那只會讓你工作辛苦，此外，管得太多也很容易雜亂無章，如果凡事必定要親自叮嚀，甚至插手其中，對工作上的績效無疑弊多於利！

其實，領導者最重要的工作，是擬定完善的計劃後，有條不紊地將工作分派給底下的人，而且知道哪個部份適合哪些人去執行，自己只要研究如何提高計劃的完成效率就可以了。

因爲，唯有這樣才能充分地運用員工的能力，還能讓自己能有效地綜觀全局，並讓自己領導的事業有最大的突破空間。

收放自如的領導藝術

領導的藝術有如放風箏，看上去是讓風箏自由自在地遨翔，但實際上，風箏的一切全掌握在你手中牽動的那條細細的絲線上。

美國前總統吉米．卡特，曾意識到自己肩負的責任重大，事事都想親自處理，卻又深感力不從心，經常被國內外要事弄得暈頭轉向，部屬抱怨卡特不肯充分授權，卡特本人也苦不堪言。

多數人民看見政府機器無法順暢運作的情況，便認為這是領導者無能的表現，於是用選票把吉米．卡特擠了下台。

當卡特準確無誤地意識到國家面臨的困難，其實我們可說他洞察力敏銳，然而，他卻沒有充足授權部屬分工合作的勇氣，與面對難題的自信，使得人民跟著他一起惶恐不安，為自己埋下了失敗的因果。

另一位演員出身的美國總統雷根，則是把政治當成表演事業而獲得成功。

雖然他每次即興演說時，總是會把自己的無知曝露在複雜的議題上，然而，每當他對涉及的問題一無所知時，卻能依照白宮幕僚的教導，果斷地處理，並展現幹練的一面。

這不僅讓美國人民相信他是個優秀的領導者，更因為他的自信態度，讓人民也產生無限的信心。

因此，以風趣幽默、機智果斷著稱的羅納德．雷根，不僅獲得了人民的信任，更成為美國近代史上最受歡迎的總統之一。

從卡特和雷根這兩位美國總統的比較中，我們看見了領導者在權力方面「收放」藝術的重要性。

卡特因爲將擔憂放得太過，表現出冷靜不足的情況，以致於無法獲得人民的支持；而貌似糊塗的雷根，卻因爲展現充分的自信，深受人民的信任，兩個人不同的領導風格，讓他們有了不同的結果。

其實，領導的藝術有如放風箏，必須收放自如，看上去是讓風箏自由自在地飛在天空，自由遨翔，實際上，風箏的一切全掌握在你手中。不必擔心它會不受控制，無論它飛多高多遠，終究被那根細細的絲線操控著。

Be Human by Wisdom

Thick Black Theory is a philosophical treatise written by Li Zongwu, a disgruntled politician and scholar born at the end of Qing dynasty. It was published in China in 1911, the year of the Xinhai revolution, when the Qing dynasty was overthrown.

做人靠智慧

活用智慧，替自己創造更多機會

做事靠謀略

靈活處世篇

達文西曾說：

「在生活的道路上，暗藏著許許多多的蛇，行路的人要事先想到這點，並且要選擇適合自己的安全之路。」

走在危機四伏的人生道路上，想避開潛伏於暗處的「毒蛇」，就必須同時具備做人與做事應有的應變智慧。一個深諳謀略的人，做任何事之前都會通盤考量，思慮到可能的風險及隱憂，讓自己成爲最後的贏家。

Thick Black Theory is a philosophical treatise written by Li Zongwu, a disgruntled politician and scholar born at the end of Qing dynasty. It was published in China in 1911, the year of the Xinhai revolution, when the Qing dynasty was overthrown.

金澤南 編著

做人靠手腕，做事靠手段：
審時度勢篇

作　　者　陶　然
社　　長　陳維都
藝術總監　黃聖文
編輯總監　王　凌
出 版 者　普天出版家族有限公司
新北市汐止區忠二街 6 巷 15 號
TEL / (02) 26435033（代表號）
FAX / (02) 26486465
E-mail：asia.books@msa.hinet.net
http://www.popu.com.tw/
郵政劃撥 19091443 陳維都帳戶
總 經 銷　旭昇圖書有限公司
新北市中和區中山路二段 352 號 2F
TEL / (02) 22451480（代表號）
FAX / (02) 22451479
E-mail：s1686688@ms31.hinet.net
法律顧問　西華律師事務所・黃憲男律師
電腦排版　巨新電腦排版有限公司
印製裝訂　久裕印刷事業有限公司
出 版 日　2021（民 110）年 6 月第 1 版
ISBN◉978-986-389-776-7　　條碼 9789863897767

國家圖書館出版品預行編目資料

做人靠手腕，做事靠手段：審時度勢篇／
陶然著.—第 1 版.—：新北市,普天出版
民 110.6 面； 公分. -（智謀經典；43）
ISBN◉978-986-389-776-7（平裝）

智謀經典
43